KLARTEXT

Bildnachweis:
Imago: /Jan Huebner S. 4/5, 90, 94/95, 98, 105; /Kessler-Sportfotografie S. 6/7; /Ferdi Hartung S. 26, 32/33, 36, 44, 48/49; /Laci Perenyi S. 29, 43; /Sven Simon S. 39; /WEREK S. 41, 47, 76, 81; /Kicker/Eissner, Liedel S. 45, 59; /United Archives International S. 53; /Dehli-News S. 55 o.; /Pressefoto Baumann S. 55 u., 75; /Gerard Franco/Agencia LOF S. 57; /Claus Bergmann S. 60, 62; /HJS S. 63; /Schumann S. 64; /Alfred Harder S. 65, 79, 83, 86/87 (Vordergrund), 91 o., 99; /Baering S. 66; /Kicker/Liedel S. 71 u.; /Christian Schroedter S. 91 l.; / Revierfoto S. 91 r.; /Eibner S. 93, 104; /Team2 S. 101, 112; /Fotostand S.107; /DeFodi S. 111; / Camera 4 S. 113, 114; /Matthias Koch S. 115; dpa picture alliance: / Schirner Sportfoto S. 9; /ullstein bild S. 11; /empics S. 18/19; /AP Images|Michael Probst S. 61/Claus Felix S. 67; / augenklick/GES-Sportfoto | Helge Prang S. 68, 69; /Berg Oliver S. 71 o.; /Foto Huebner S. 88; /TVNOW S. 94; /Arne Dedert S. 95; Adobe Foto Stock: © Blacky S. 37; © Wolfgang Cibura S. 86/87 (Hintergrund); Horstmüller S. 14/15, 17, 23, 31; Funke Foto Services/Joachim Haenisch S. 21; Eintracht Frankfurt Museum S. 8, 34, 35

Bibliografische Information der Deutschen Nationalbibliothek
Die Deutsche Nationalbibliothek verzeichnet diese Publikation in der Deutschen Nationalbibliografie; detaillierte bibliografische Daten sind im Internet über portal.dnb.de abrufbar.

Impressum

1. Auflage Mai 2022
Layout und Satz: Achim Nöllenheidt
Umschlaggestaltung: Guido Klütsch
Umschlagabbildungen: Imago: /Reichwein, /Werner Otto, /MaBoSport, /MIS TSV, /Christoph Reichwein; Adobe Stock ©Yaroslav; privat
Druck und Bindung: Linsen Druckcenter GmbH, Siemensstraße 12–14, 47533 Kleve

ISBN 978-3-8375-2454-3

KLARTEXT

Jakob Funke Medien Beteiligungs GmbH & Co. KG
Jakob-Funke-Platz 1, 45127 Essen
info.klartext@funkemedien.de
www.klartext-verlag.de

Gunther Burghagen

Eintracht Frankfurt

**Populäre Irrtümer
und andere Wahrheiten**

Inhalt

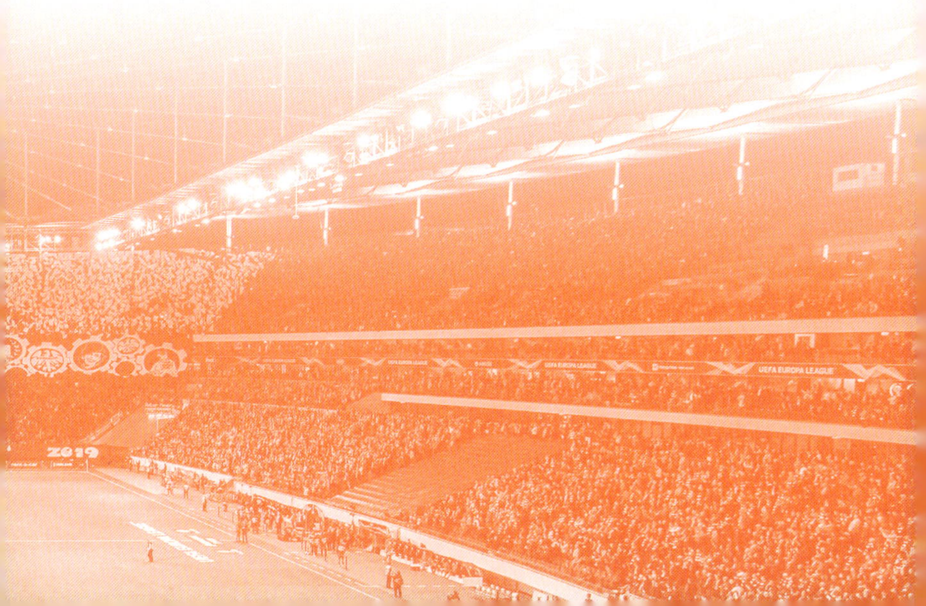

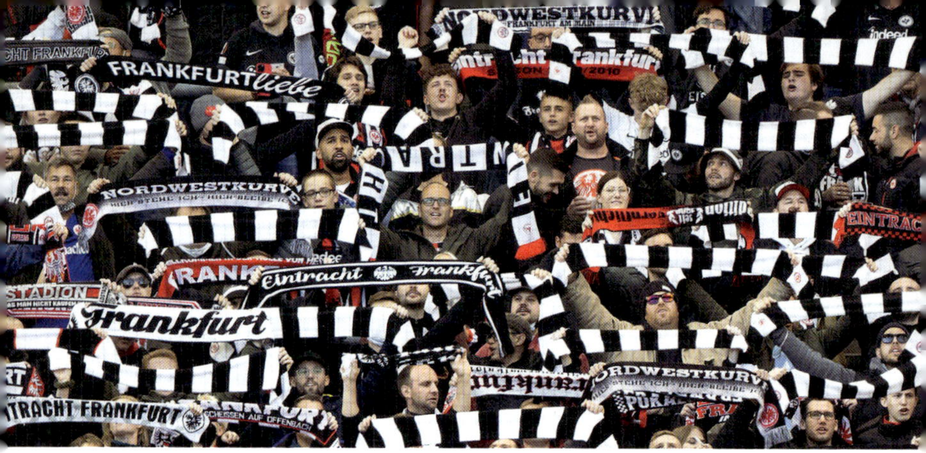

Zum Geleit

Fan. Das lateinische Wort fanaticus ist Ursprung des Begriffes. Laut Pons steht es für „von einer Gottheit in Entzückung, in Raserei versetzt, rasend, fanatisch, begeistert, schwärmerisch".

Die Gottheit, der in Frankfurt gehuldigt wird, heißt Eintracht. Die „Götter" stehen auf dem Platz. Sie heißen Körbel, Grabowski, Hölzenbein, Möller, Okocha, Bindewald, Bein, Yeboah, Meier, Hasebe oder Abraham.

In allen Zeiten trieb die Sehnsucht nach göttlichen Erlebnissen die Fans ins Stadion. Ob Waldstadion, Arena oder jetzt Park, es ist das große Theater, die Bühne, auf der das Drama, die Tragödie, das Heldenepos und auch die Komödie dargeboten werden. Die Fans der Eintracht pilgern selbst in trüben Zeiten an jenen Ort, der in der Erinnerung stets sonnig und heiter war.

Der Fußball in Frankfurt ist wie überall auf der Welt. Nicht an jedem Tag werden Helden geboren. Doch die Fans machen aus jedem Besuch ein Fest. Nicht nur in Berlin, wenn wahre Feste für die Ewigkeit gefeiert werden, auch und immer wieder im Stadtwald. Feste werden auch in die Fremde getragen, unvergesslich, ob in Rom, London oder Moskau, in Wien, Athen und vor allem in

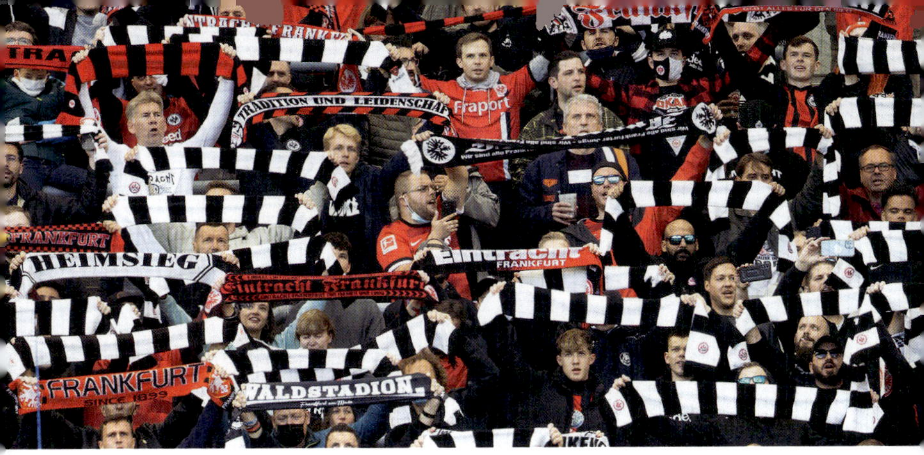

Bordeaux. Von tausenden, die ihre Zeit opfern, ihr Sparschwein schlachten oder einfach nur losfahren.

Eintracht Frankfurt ist ein besonderer Verein. Er stand schon in seinen Anfängen für Toleranz und Weltoffenheit. Juden waren Teil des Ganzen, als sie in Deutschland gänzlich unerwünscht und später getötet werden sollten. Afrikaner eroberten die Herzen des Publikums, als in deutschen Stadien Bananen auf dem Spielfeld landeten oder Zuschauer Urwaldgeräusche imitierten.

Ja, der Verein war und ist besonders. Nicht immer besonders gut. Auch mal besonders schwierig, wenn Jahreshauptversammlungen mit Ohrfeigen gespickt sind oder der Gang in die zweite Liga ansteht oder die zum Greifen nahe Meisterschaft ...

Wer von diesem Verein eingeladen wird, ihm anzuhängen, Fan zu sein, dem bleibt keine Wahl. Im Herzen von Europa, von Attila mit scharfem Blick beäugt, sind jene Götter zu Haus, denen die Herzen der Fans zufliegen. Ob in den vielen, guten, gar ausgezeichneten Zeiten mit Siegen und Pokalen oder in jenen, wo die Herzen auch mal schwer werden können.

Für die Fans heißt es: „Einmal Adler, immer Adler“ oder „Nur die SGE“. Und sie singen: „Im Herzen von Europa“ wo es am Schluss heißt: „Eintracht aus Frankfurt, du schaffst es wieder, Deutscher Meister zu sein!“

Erst nach Hanau!

Am Anfang war das Ei. Ende des 19. Jahrhunderts wurde im Frankfurter Westend Rugby gespielt. Sogleich gründeten diverse Frankfurter Schulen und Schüler Clubs und Vereine. In diesen wurde dann vermehrt auch Abwandlungen des urbritischen Sports ausgeübt. Neben Rugby wurde das, was wir heute Fußball nennen, immer beliebter, blieb aber meist eine Unterabteilung. Ein nach Berlin gegangener „Sachsehäuser Bub", Georg Leux, gründete 1885 den Berliner Fußball Klub Frankfurt. Am Tempelhofer Feld kickte man nach den neuen Regeln, dem sogenannten Soccer (Association Football), was sich klar von Rugby unterschied.

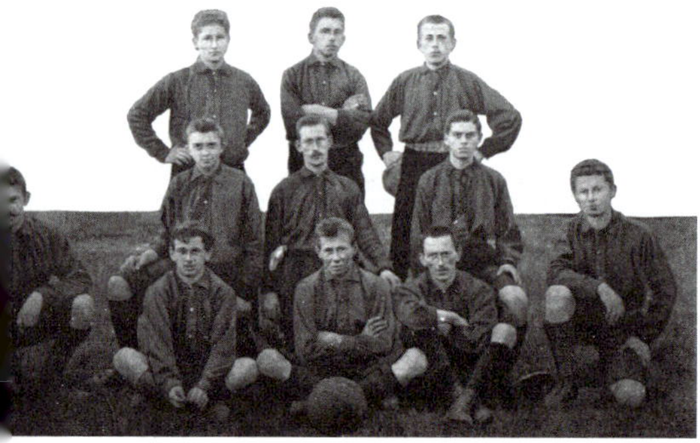

Die erste Mannschaft des Frankfurter Fußball-Club Victoria 1899

In seiner hessischen Heimat sollte es noch ein paar Jahre dauern und der erste Fußballclub sollte sich auch nicht in Frankfurt gründen. Das benachbarte Hanau darf sich bis heute rühmen, mit dem 1. FC Hanau 1893 Hessens ersten Fußballverein aus der Taufe gehoben zu haben.

In Frankfurt gründeten sich in den Folgejahren diverse Fußballclubs, die nach den Soccer-Regeln spielen sollten. Rasch wuchs die Mitgliederliste und auch die Anzahl der spielwilligen Sportkameraden wurde zu groß, als dass sie allesamt hätten spielen können. So entstand im Sommer 1899 in Bockenheim eine zunächst Spielgesellschaft genannte Vereinigung von Fußballern, die erstmals im September 1899 als Frankfurter Fußballklub 1899 in einem Spielbericht erwähnt wurde. Der Gründer der Fachzeitschrift

„Kicker“, Walther Bensemann, hatte großen Anteil an der weiteren Entwicklung der heutigen Eintracht. Denn – was sicher kein heutiger Fan gerne erinnert – mit Anfang des 20. Jahrhunderts firmierte das Team nach einer Fusion mit den Frankfurter Kickers unter „Frankfurter Fußball-Klub 1899-Kickers“. Weiße Hemden mit rotem Adler auf der Brust und schwarze Hosen gehörten sogleich zum klaren Erkennungszeichen. Die Adlerträger änderten aber nochmals den Namen, nachdem kurz vor dem Ersten Weltkrieg mit der Victoria aus Frankfurt fusioniert wurde.

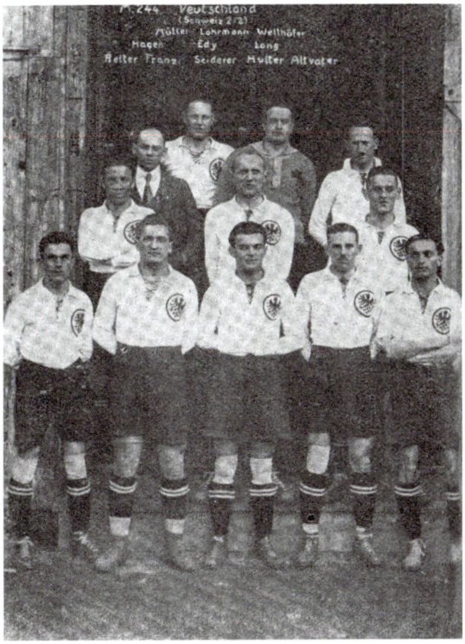

Am 26. März 1922 trat die deutsche Nationalmannschaft auf dem Eintracht-Platz am Riederwald zu einem Freundschaftsspiel gegen die Schweiz (2:2) an.

Der „Frankfurter Fußball-Verein“ war vor allen Dingen erfolgreich. Etablierte sich zu einer festen Größe in Deutschland. Schon 1919 wurden die Frankfurter Meister des Südmaingaus. Im darauffolgenden Jahr kam es zur Fusion mit der Turngemeinde von 1861 und der FFV firmierte erstmals unter dem Namen Eintracht (Turn- und Sportgemeinde Eintracht von 1861). Anfang der 20er Jahre wurde der Eintracht-Sportplatz am Riederwald mit seiner 400- Meter-Aschenbahn, 1600 überdachten Sitzplätzen und einer Gesamtkapazität von rund 40.000 Zuschauern fertiggestellt. Seither ist sie Heimstätte der 1927 in „Sportgemeinde Eintracht Frankfurt von 1899“ umbenannten Adlerträger. Der Verein besteht seit über 120 Jahren. Die „Eintracht“ trägt der Club im Namen seit über 100 Jahren. Ob Sportgemeinde, e.V. oder AG – Eintracht bleibt for ever.

Juddebubbe

Bis zur Machtübernahme der Nationalsozialisten im Jahr 1933 galt die Eintracht als „Judenverein". In Walther Bensemann hatte ein Jude die Frankfurter Kickers aus der Taufe gehoben. Jenen Verein, der später Eintracht Frankfurt werden sollte. Bensemann schuf zudem eine heute nicht wegzudenkende, legendäre Zeitschrift: den Kicker. Das Sportfachblatt startete am 14. Juli 1920 und gilt heute mehr denn je als die Informationsquelle für Fußballbegeisterte.

Die vor allem von den konkurrierenden Offenbacher Kickers gerne als Schimpfwort gebrauchte Bezeichnung „Juddebubbe" galt darüber hinaus den Geschäftsleuten aus Frankfurt, die die Eintracht unterstützten. Herauszuheben ist hier die Firma J.&C.A. Schneider", bei der gleich sechs der damals ja als Amateure geltenden Frankfurter Spieler angestellt waren. Mit diesen jungen Männern gelang der SGE der erste größere Erfolg. Als süddeutscher Meister qualifizierten sie sich für das Endspiel um die Deutsche Meisterschaft. Das Finalspiel gegen den FC Bayern München verloren die Mannen um den späteren Präsidenten Rudi Gramlich mit 0:2 vor 55.000 Zuschauern in Nürnberg. Es war für den FC Bayern unter ihrem jüdischen Präsidenten Kurt Landauer die erste Meisterschaft der Vereinsgeschichte.

So stark der Frankfurter Verein und vor allem die Spieler von den vornehmlich jüdischen Förderern bis 1933 profitiert hatten, so wenig blieb davon nach der sogenannten „Machtergreifung" übrig. Am 21. September 1933 wurden auf der Hauptversammlung der Eintracht sämtliche neuen Vorgaben, Richtlinien und Anweisungen aufgenommen und umgesetzt. Der Abend endete unter Absingen der Nationalhymne (alle Strophen) und des propagandistischen Horst-Wessel-Liedes. Die meisten der jüdischen Unterstützer und Mitglieder verließen den Verein, Frankfurt, Deutschland.

Walther Bensemann starb im Jahr 1934 im Schweizer Exil. Dem jüdischen Schatzmeister der Eintracht aus den Jahren 1924 bis

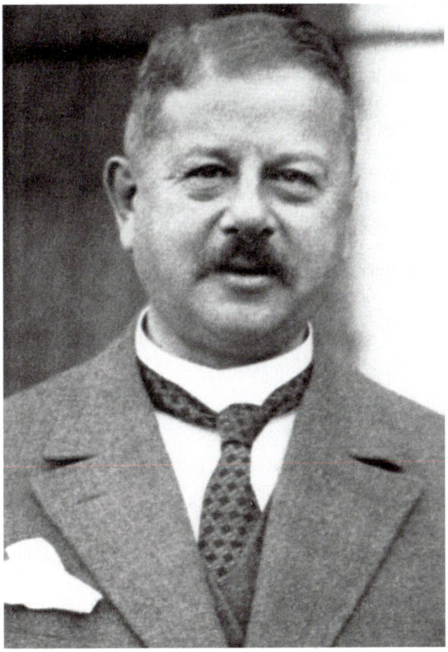

Zentrale Figur der frühen Eintracht-Geschichte und Gründer des Kicker: Walther Bensemann, Porträt um 1933

1933, Emil Reiss, gelang die Flucht in die USA. Sein Neffe kam am Kriegsende als GI zurück an den Main und wurde im Jahr 1946 erster 1. Vorsitzender der SGE.

Während der Nazijahre und des Zweiten Weltkriegs waren führende Vereinsmitglieder als Soldaten in unterschiedlichen Einheiten im Einsatz. Rudolf Gramlich, von 1938 bis 1942 gemeinsam mit Dr. Adolf Metzner als Vereinsführer der SGE im Amt, gehörte der SS und später im Krieg der 8. SS Totenkopfstandarte an. Das dunkelste Kapitel Deutschlands und die Rolle der Mitglieder und Führungspersonen von Eintracht Frankfurt kann man seit kurzem einer Studie des Fritz Bauer Instituts entnehmen. Von Widerstand kann keiner sprechen. Ein Urteil darüber passt nicht in den Rahmen dieses Buches. In jedem Fall existiert heute im Verein und in der Gefolgschaft ein Bewusstsein und eine besondere Sensibilität. Aus ihr heraus entstanden „United Colors of Bembeltown“, „Die Zeugen Yeboahs“, „Eintracht Frankfurt International“ und viele weitere Belege für Weltoffenheit und Toleranz.

AHA!

Sonny – gegen das Vergessen

Peter Fischer ist ein Präsident mit klarer Kante und Haltung. Er ist körperlich eine Erscheinung und wer je seine Stimme hörte, wird das von diversen Genussmitteln geschliffene, geprägte Organ nicht vergessen. Dem Ruf „Peter gib einen aus" der Fans folgt er gelegentlich. Und ebenso gelegentlich zeichnet Peter Fischer verdiente Vereinsmitglieder oder Fans aus. Dass Helmut „Sonny" Sonneberg dem Peter anfangs einen Korb gab, liegt an der Geschichte Sonnys und der Geschichte der Eintracht. Sonnys Leben – unglaublich (siehe auch die Dokumentation von Ron Ulrich „Sonny – Ein deutsches Leben"). Die Geschichte der SGE – nicht immer ruhmreich.

Helmut „Sonny" Sonneberg wird am 4. Juni 1931 in Frankfurt am Main geboren. Noch ist Adolf Hitler, sind die Nazis, nicht an der Macht. Als Kind jüdischer Eltern war nicht zu ahnen, was kommen würde. Zumal seine Mutter einen neuen Partner hatte, zum Christentum konvertierte, Sonny getauft wurde und die Familie fortan christlich lebte. Es sollte sich in der Folge alles ändern. Mit den Nürnberger Rassengesetzen wurde Sonny als Jude eingestuft, musste den gelben Stern sichtbar tragen und wurde in den Gassen der Stadt am Main von Hitlerjungen und anderen offen beschimpft. Am Ende des Krieges wurden er und seine Mutter sogar noch nach Theresienstadt deportiert. Fünf Tage in einem Viehwaggon mit unklarem Ziel. Seiner Mutter hat er sein Überleben zu verdanken. Sie versorgte den Jungen mit Kartoffelschalen, die sie aus dem Küchendienst schmuggelte. Trotz allem kehrten die beiden nach der Befreiung in ihre Heimatstadt Frankfurt zurück.

Sonny begann Fußball zu spielen. Mit 14 Jahren startete er eine „Karriere" bei der Eintracht. Fortan sein Verein. Aus der Jugend schafft er sogar den Sprung in die zweite Mannschaft. Als Fan verfolgt er die Heimspiele der ersten Mannschaft und fährt 1959 mit dem Käfer zum großen Finale gegen den Lokalrivalen aus Offenbach nach Berlin. Augenzeuge des ersten und bis heute einzigen Meistertitels der SGE.

Und dann ein leidenschaftlicher Redner, Vortragender, Erzähler im Museum der Eintracht. Beinahe neun Jahrzehnte Geschichte, die fürchterlich begann und deren Wunden wohl nie heilen werden. Dennoch begleitet Sonny sogar eine Gruppe Eintracht-Fans nach Theresienstadt. Erstmals seit jener Zeit ist er vor Ort. Tränen der Trauer. Tränen der Erinnerung. Sonny bleibt Mahner gegen das Vergessen. Sonny bleibt Teil der Eintracht-Familie.

Peter Fischer will ihn nach der Reise in den Osten ehren und auszeichnen. Die lebenslange Mitgliedschaft für den treuen Fan. Eine Sache, die man nicht ablehnen kann. Doch. Sonny kann. Er kann nicht Mitglied eines Vereins werden, den er zwar im Herzen trägt, der aber fast 75 Jahre nach Ende des Zweiten Weltkriegs Ehrenmitglieder in ihren Reihen hält, die nachweislich an Gräueltaten beteiligt waren oder diese zumindest unterstützten. Rudolf Gramlich, ehemaliger Spieler der SGE und von 1939 bis 1942 Vereinsvorsitzender, wurde in den 60er Jahren zum Ehrenspielführer und Ehrenpräsidenten ernannt. 1974 erhielt er sogar das Bundesverdienstkreuz. Doch Sonny – und einige andere im Verein – kannten auch die andere Seite Gramlichs. Im Krieg bei der Waffen-SS dienend, wurde er nach Kriegsende verhaftet, zweieinhalb Jahre interniert und im Spruchkammerverfahren 1947 als „Hauptschuldiger“ ausgewiesen. Sonny konnte und wollte nicht mit solch einer Person in einer Reihe stehen.

Auf Anregung der Eintracht wurde Gramlichs Wirken vom Fritz-Bauer-Institut aufgearbeitet, woraufhin das Präsidium und der Ehrenrat der Frankfurter Eintracht Rudolf Gramlich am 26. Januar 2020 sämtliche Auszeichnungen und Ehrungen aberkannte. Dem für „klare Kante“ stehenden Präsidenten Peter Fischer gelang es dadurch, Sonny doch noch für eine Mitgliedschaft in seinem Verein gewinnen zu können.

Sonny ist nun Mitglied „Ein Leben lang“. Ein Leben, das früh hätte enden können. Ein Leben, das schon bald ohne Eintracht kaum denkbar war. Ein Leben, von dem er erzählt und somit die Erinnerung bewahrt. Eine Erinnerung, die vom auf und ab berichtet. Vom Fußball, der Eintracht und vom wahren Leben.

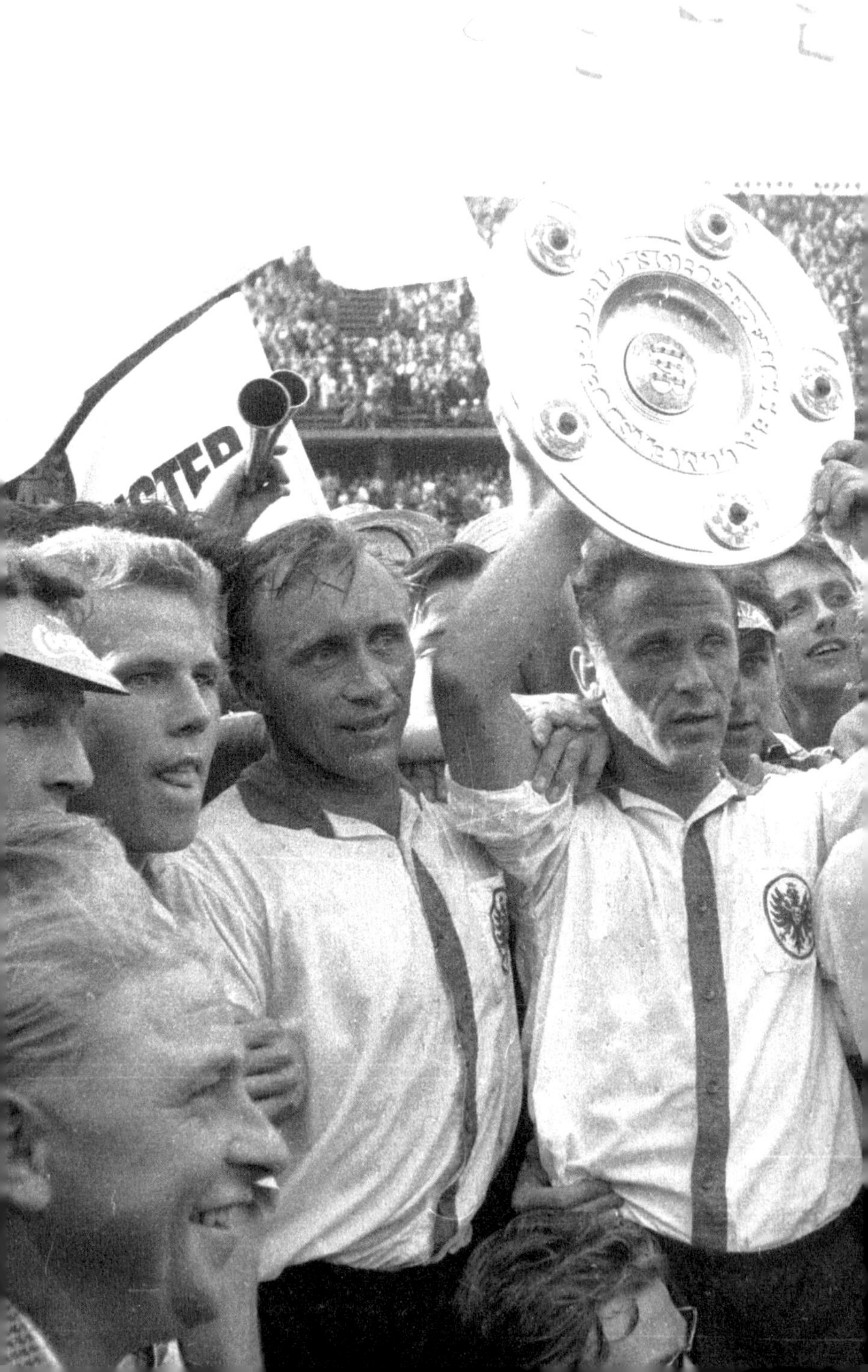

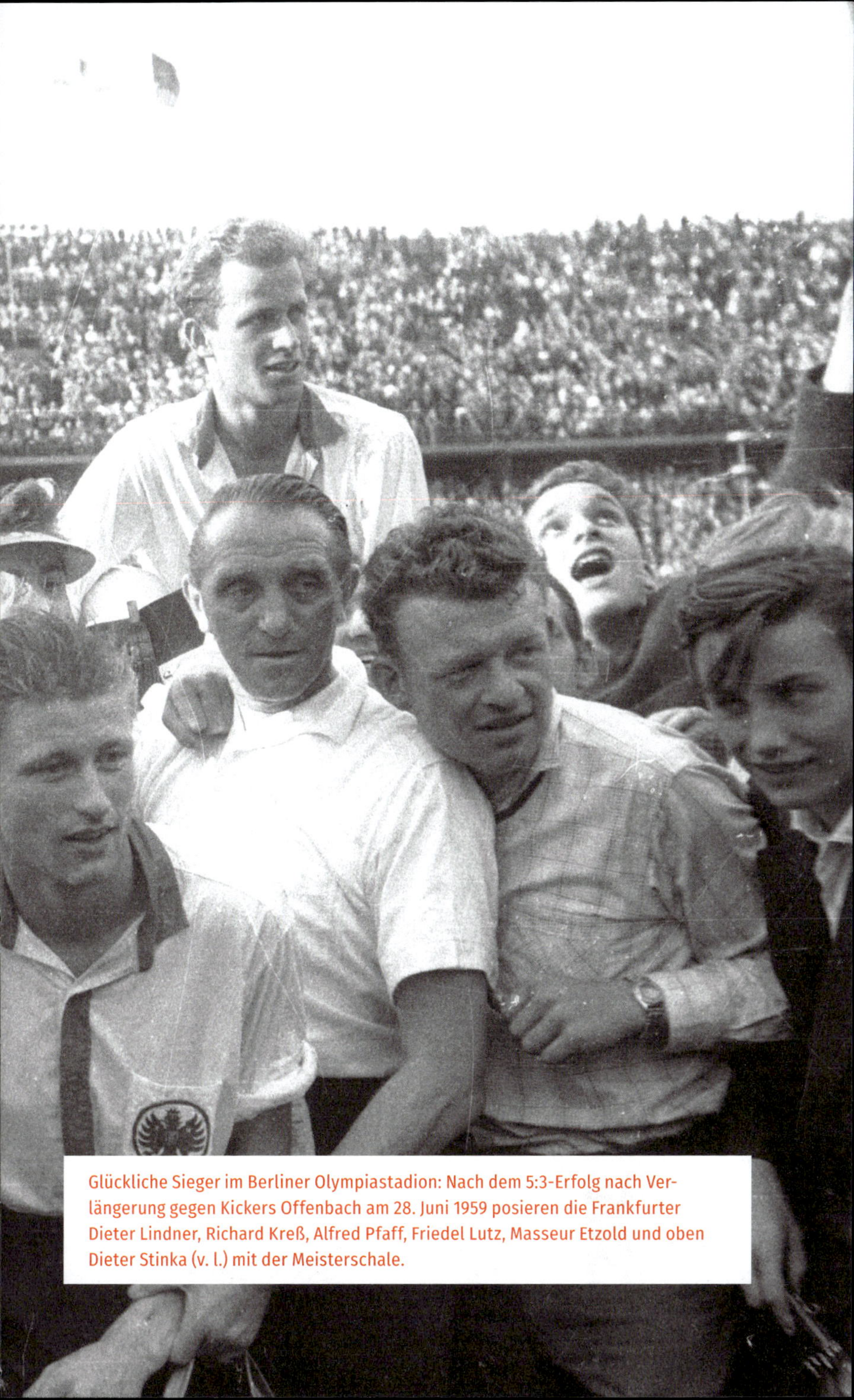

Glückliche Sieger im Berliner Olympiastadion: Nach dem 5:3-Erfolg nach Verlängerung gegen Kickers Offenbach am 28. Juni 1959 posieren die Frankfurter Dieter Lindner, Richard Kreß, Alfred Pfaff, Friedel Lutz, Masseur Etzold und oben Dieter Stinka (v. l.) mit der Meisterschale.

Brasilianer im Stadtwald

Am 14. Juni 1960 kamen 45.000 Zuschauer ins Waldstadion. Flutlichtspiel gegen den FC Santos. Ja, die Brasilianer um den Ausnahmekünstler Pelé. Sie kamen nach Frankfurt, weil die SGE damals die bekannteste deutsche Mannschaft in der Welt war. Zu verdanken hatte sie dies einer außergewöhnlichen Mannschaftsleistung im Jahr zuvor, wo sie erst im Finale um den Pokal der Landesmeister Real Madrid unterlegen waren.

Herausragend aus jener Mannschaft war der Weltmeister von 1954: Alfred Pfaff. Auch an jenem Abend im Freundschaftsspiel gegen Zito, Morval oder Pépé dirigierte er die Adler zu einer 2:1 Führung, die bis zur 63. Minute hielt. Pelé – wer sonst – schoss den Ausgleich und Zito ließ die 3:2 Führung folgen, ehe Mengalvio den Deckel drauf machte. 4:2 verlor man, die Anerkennung ob der internationalen Klasse der Adler unter Trainer Paul Oßwald war enorm.

Zentraler Spieler war jener Alfred Pfaff, der in seiner Jugend bereits für die Eintracht am Ball war, bevor ihn der Krieg nach Le Havre brachte. 1947 zurück in der Heimat führten ihn kurze Stationen beim FC Hochstadt und dem Klub seines Geburtsstadtteils, dem Rödelheimer FC, 1949 wieder zur Eintracht. Für sie bestritt Pfaff 301 Spiele und schoss 103 Tore.

Sepp Herberger berief ihn rasch in die Nationalelf, wo er das Pech hatte, hinter dem von Herberger favorisierten Fritz Walter zu stehen. Pfaff wurde bei der WM 1954 zum strategischen Opfer, als Herberger im Vorrundenspiel gegen Ungarn seine B-Elf auflaufen ließ. Zwar schoss der Frankfurter Bub das zwischenzeitliche 1:3, doch konnten seine Künste gegen die an jenem Tag übermächtigen Magyaren nichts ausrichten.

Im Dienste dieser Mannschaft durfte er sich natürlich ebenso Weltmeister nennen, wie die Walter-Brüder oder Helmut Rahn.

Zurück in Frankfurt führte Pfaff seine Adler zur ersten und bis dato einzigen Deutschen Meisterschaft. Schon das Finale in Berlin gegen die Nachbarn von Kickers Offenbach wurde fußballhistorisch als eines der besten Matches seiner Zeit bewertet.

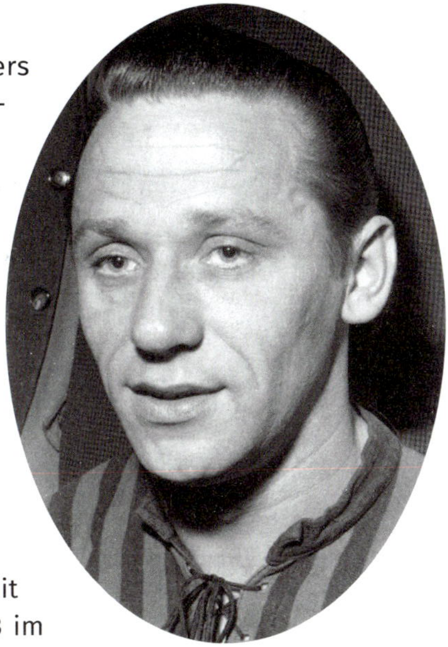

Alfred Pfaff

Umso mehr lagen in der Folgesaison die Hoffnungen bei der Eintracht auf einen erfolgreichen Verlauf im Pokal der Landesmeister. Gegen die Glasgow Rangers gewannen die Adler das Hinspiel bereits mit 6:1, auch durch zwei Treffer des überragenden Alfred Pfaff. Am Ende des Rückspiels, dass die SGE mit erneut zwei Pfaff-Toren mit 6:3 im Ibrox-Park vor knapp 70.000 Zuschauern gewann, standen die schottischen Fans auf und applaudierten der Gastmannschaft.

Wenige Wochen später waren es 127.621 Zuschauer, die erneut den Ibrox Park (über-)füllten. Und auch wenn die SGE mit 1:0 durch Richard Kreß in Führung ging, am Ende musste Egon Loy sieben Mal hinter sich greifen. Die beiden Tore von Erwin Stein halfen nicht. Doch in der Presse manifestierte sich der Begriff des Jahrhundertspiels. Für Madrid trugen Alfredo di Stefano und Ferenc Puskás dazu bei. Für die Eintracht war es vor allen anderen Alfred Pfaff, den Bobby Charlton als einen dieser „Spieler" gemeint haben muss, als er sagte: „Mein erster Gedanke war, dieses Spiel ist ein Schwindel, geschnitten, ein Film, weil diese Spieler Dinge taten, die nicht möglich sind, nicht real, nicht menschlich!"

Alfred Pfaff beendete alsbald seine Karriere, wurde Gastronom. Der Ehrenspielführer und selbstverständlich das Ehrenmitglied von Eintracht Frankfurt sagte am 27. Dezember 2008 endgültig Adieu. Im Herzen von Europa behält er seinen Ehrenplatz.

Unvergessen im britischen Königreich

Berlin ist ein gutes Pflaster für die SGE. Die DFB-Pokalsiege 1988 und 2018 wurden in der heutigen Hauptstadt errungen. Auch den größten Titel, den eine Fußballmannschaft in Deutschland erringen kann, holte sich die Eintracht im Jahr 1959 auf dem Rasen des Berliner Olympiastadions. Coach Paul Oßwald, der die SGE bereits 1928-1933 und 1935-1938 trainiert hatte, war im Sommer der Fußball-WM 1958 ausgerechnet vom Erzrivalen Kickers Offenbach an den Riederwald zurückgekehrt. Als Meister der Oberliga Süd gingen die Frankfurter in die Endrunde, wo sie sämtliche sechs Spiele gewannen – um im Finale auf den Zweiten der Oberliga Süd, eben jene Kickers aus Offenbach zu treffen, die Oßwald noch im Vorjahr trainiert hatte. 75.000 Zuschauer im Olympiastadion sahen ein bis zur letzten Minute dramatisches Finale, das die Eintracht mit 5:3 für sich entschied. Am Radio schilderte jener Herbert Zimmermann das Geschehen, der mit dem WM-Endspiel 1954 („aus dem Hintergrund müsste Rahn schießen. Tor! Tor! Tor!") zur Legen-

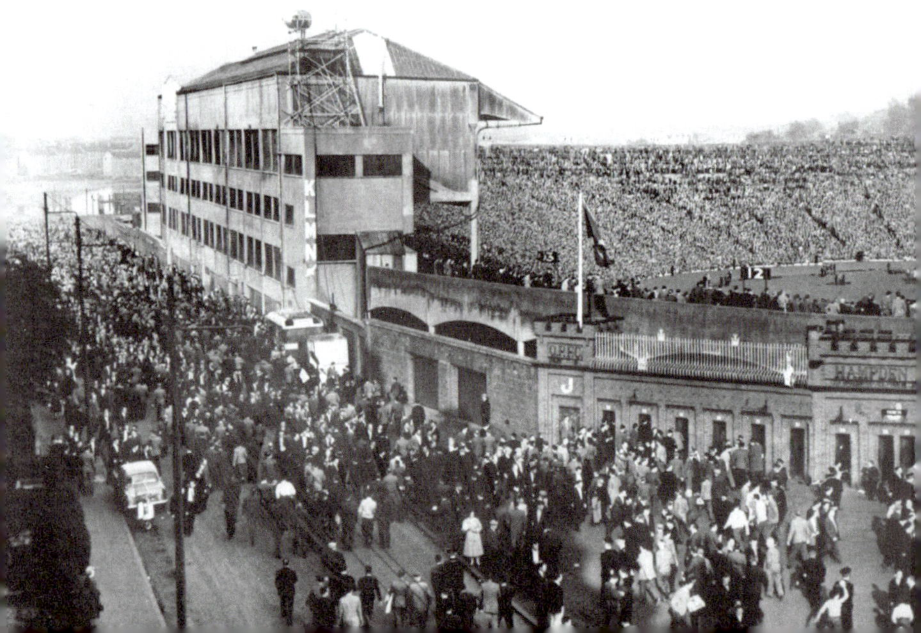

de wurde. Trotz der Rivalität der beiden Teams gab es im Anschluss an die Partie ein gemeinsames Bankett und am Folgetag einen gemeinsamen Rückflug.

Die Mannen der Eintracht wurden mit einem Pferdefuhrwerk auf den Römer gefahren. Der Weg war von 250.000 Fans gesäumt, die ihre Adler jubelnd begrüßten. Der Meistertitel legte auch den Grundstein für den ersten großen Auftritt der SGE in Europa. Im Halbfinale fegten die Hessen die Glasgow Rangers mit jeweils sechs Toren in Hin- und Rückspiel insgesamt mit 12:4 vom Platz. Das Finale im Hampden Park sahen sagenhafte 135.000 Zuschauer. Die Eintracht ging früh durch Richard Kreß in Führung, musste sich im Laufe der Partie aber den überlegenen Männern von Real Madrid um Alfredo di Stéfano und Ferenc Puskás geschlagen geben. 7:3 hieß es am Ende einer Partie, die bis heute als eines der besten Spiele der Fußballgeschichte gilt. Angeblich war der 18-jährige Alex Ferguson im Stadion und beschloss angesichts des Erlebten, sein Leben dem runden Leder zu widmen. Der britische Fernsehsender BBC wiederholt die Aufzeichnung dieses Spiels seither in jedem Jahr. Der Deutsche Meister 1959, die Eintracht aus Frankfurt, bleibt so auch im britischen Königreich unvergessen.

Großartige Kulisse: der Glasgower Hampden Park am 18. Mai 1960
vor dem Endspiel im Europapokal der Landesmeister

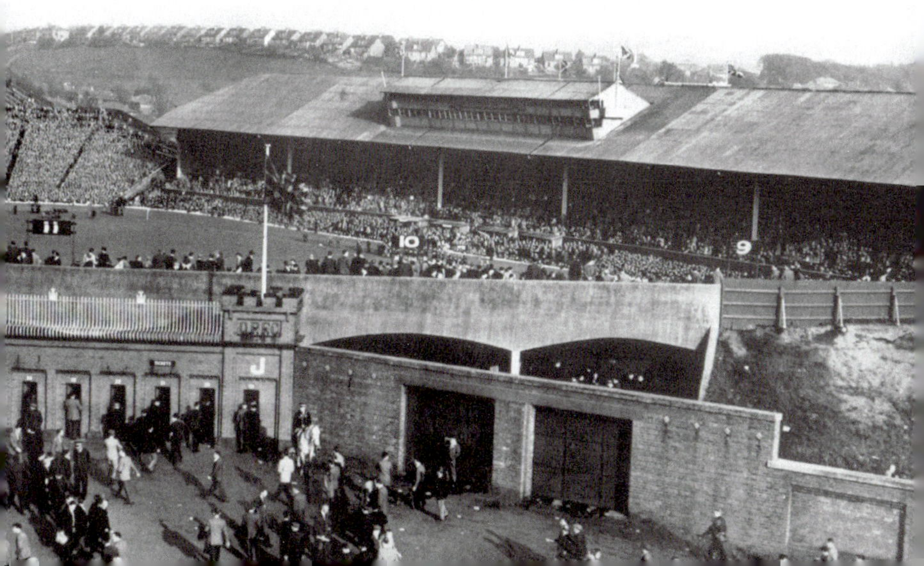

AHA!

Wuchtiger Tritt ins Lexikon

Die Geschichte des Fußballs ist reich an Regeln und deren Änderungen. Zu den bekanntesten und umstrittensten gehört neben Abseits und Elfmeter vor allem der Platzverweis. Letzterer durfte zwar schon im 19. Jahrhundert ausgesprochen werden, doch erst 1970 kam dabei mit den heute bekannten Farben Gelb und Rot „Farbe" ins Spiel. Und das wiederum hatte eine wahre Eintracht-Premiere zu Folge.

Anlass zu dieser Neuheit hatte nicht zuletzt die WM 1966 gegeben. Denn dort war es bei Hinausstellungen noch zu „Unklarheiten" gekommen: So hatte im Duell zwischen Argentinien und England der argentinische Kapitän Antonio Rattin den Feldverweis von Schiedsrichter Rudolf Kreitlein nicht verstehen wollen und erst mithilfe von herbeigerufenen Bobbys vom Platz entfernt werden können. Aufgrund solcher Vorfälle – auch als sichtbares Signal an die bis dato eher rätselnden Zuschauer – hatte der englische Schiedsrichter Ken Aston die Idee entwickelt: Gelb als Verwarnung und Rot heißt Stopp – das Spiel ist für jenen Spieler, der letztere Karte sieht, vorbei. Bei der WM 1970 waren die Karten dann erstmals zum Einsatz gekommen, allerdings nur gelbe.

Und die Bundesliga? Sie entschloss sich erst im Winter 1970/71, die bunten Kartons in Hosen- oder Brusttasche des Referees zu verstauen, auf dass dieser sie bei Bedarf zücken konnte. Allerdings blieben die ersten Spieltage des neuen Jahres ohne Platzverweise. Bis zum 27. Spieltag mussten die Zuschauer warten, ehe erstmals ein Spieler mit dem roten Karton konfrontiert wurde. Und hier kommt die Eintracht ins Spiel.

Denn die Premiere sicherte sich der Frankfurter Friedel Lutz beim Spiel gegen Eintracht Braunschweig am 3. April 1971. Sein Gegenspieler Jaro Deppe soll ihm – hier gibt es verschiedene Versionen – gegen das unbeschützte Schienbein oder auf die bereits verletzte Achillessehne getreten haben. Doch nicht Deppe sah Rot. Lutz war derart erbost, dass er Deppe mit Vollspann in den Allerwertesten trat. Schiedsrichter Wilfried Hilker blieb keine andere

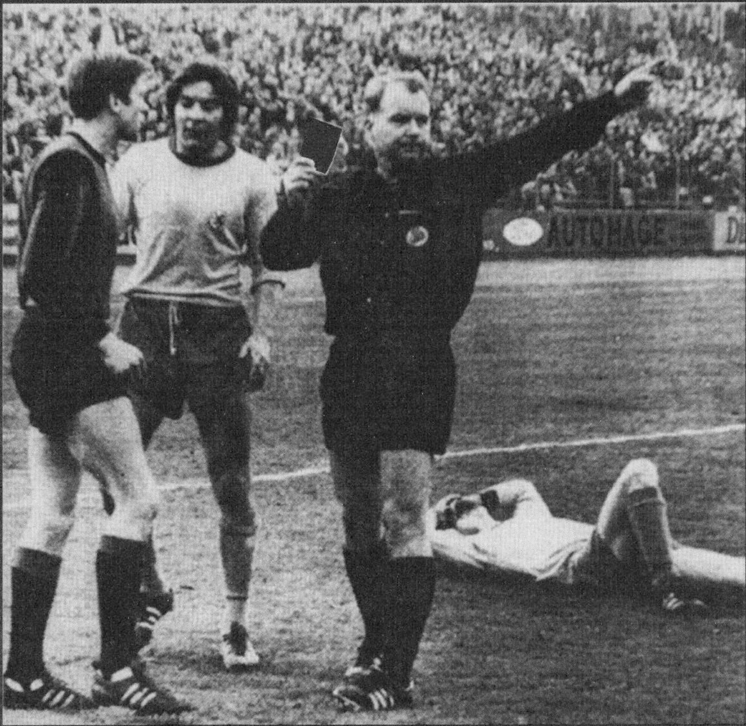

Der entscheidende Moment: Schiedsrichter Hilker zeigt Friedel Lutz (ganz l.) den roten Karton. Jaro Deppe liegt, Bernd Gersdorff will noch diskutieren.

Wahl, als die SGE bereits nach 20 Spielminuten zu dezimieren. Nach dem Spiel hatte Lutz zwar noch Gedächtnislücken offenbart („Ich kann mich gar nicht richtig erinnern, wie das passiert ist. Bei mir ist alles durcheinander"), aber die Tatsache an sich und damit die Berechtigung der Karte leugnete er nie. Wohl auch, weil die 70 Minuten in Unterzahl spielenden Adlerträger überlegen mit 5:2 gewannen.

Für Friedel Lutz, Frankfurter Vizeweltmeister von 1966 und Deutscher Meister von 1959, der der Eintracht von 1957 bis 1973 (mit einem Jahr Unterbrechung, 1966/67 spielte er für 1860 München) treu blieb, war das erste auch gleich das letzte Mal. „In meiner ganzen Karriere bin ich nur ein Mal vom Platz gestellt worden. Das war dann ausgerechnet die erste Rote Karte." Lexikalische Einträge sind manchmal einfach gnadenlos ...

Säule mit Longdrink

Seine größten Erfolge feierte Jürgen Grabowski in den 70ern und im Jahr 1980. Fußballweltmeister. DFB-Pokalsieger. UEFA-Cup-Sieger. Kaum ein Titel fehlt in dieser Sammlung. Dabei spielte es immer für denselben Verein: Eintracht Frankfurt.

Er war gerade Vize-Hessenmeister mit der A-Jugend des SV Biebrich geworden, als ihn 1965 der Ruf zur Eintracht ereilte, mit 21 Jahren. Gleich in seiner ersten Saison gelangen ihm in 28 Einsätzen zehn Tore und acht Vorlagen – diese Bilanz katapultierte ihn direkt in den Kader der Nationalmannschaft für die WM in England. Ohne Einsatz kehrte er als Vizeweltmeister zurück zur SGE.

Auswechslungen standen zu jener Zeit nicht in den Statuten – jene heute nicht mehr wegzudenkende Regel, die Grabis Ruf späteren in der Nationalelf begründeten. Bereits bei der WM 1970 in Mexiko nannte man ihn den „besten Auswechselspieler der Welt", gab er doch mit seinen späten Einsätzen allen Partien einen neuen, starken Impuls. Wobei „Einwechselspieler" sicher korrekter gewesen wäre. Im sogenannten Jahrhundertspiel, dem Halbfinale gegen Italien, gab Grabi den entscheidenden Pass auf Schnellinger, der mit seinem Treffer die Verlängerung erzwang.

Auf seinen ersten Titel musste Grabi bis zur EM 1972 in Belgien warten. In der wohl besten deutschen Mannschaft EVER spielte er das Halbfinale in seiner Rolle als bester Einwechselspieler und kam beim 2:1 Sieg gegen Belgien für Uli Hoeneß. Im Finale verzichtete Bundestrainer Schön auf Wechsel und somit auch auf Grabowski. Europameister darf er sich dennoch mit vollem Recht nennen.

Bei der WM 1974 im eigenen Land glänzte Grabowski auf dem Höhepunkt seiner Karriere – als Stammspieler. Bei der legendären Wasserschlacht im Frankfurter Waldstadion gegen Polen war Grabi einer der Besten. Wie auch im Finale in München gegen die Niederlande, wo er 90 Minuten auf dem Platz stand. Sein 30. Geburtstag war zugleich der Tag seines größten Triumphs und der Tag seines

Richtiger Pokal, falsches Trikot: Jürgen Grabowski mit dem DFB-Pokal, 1974

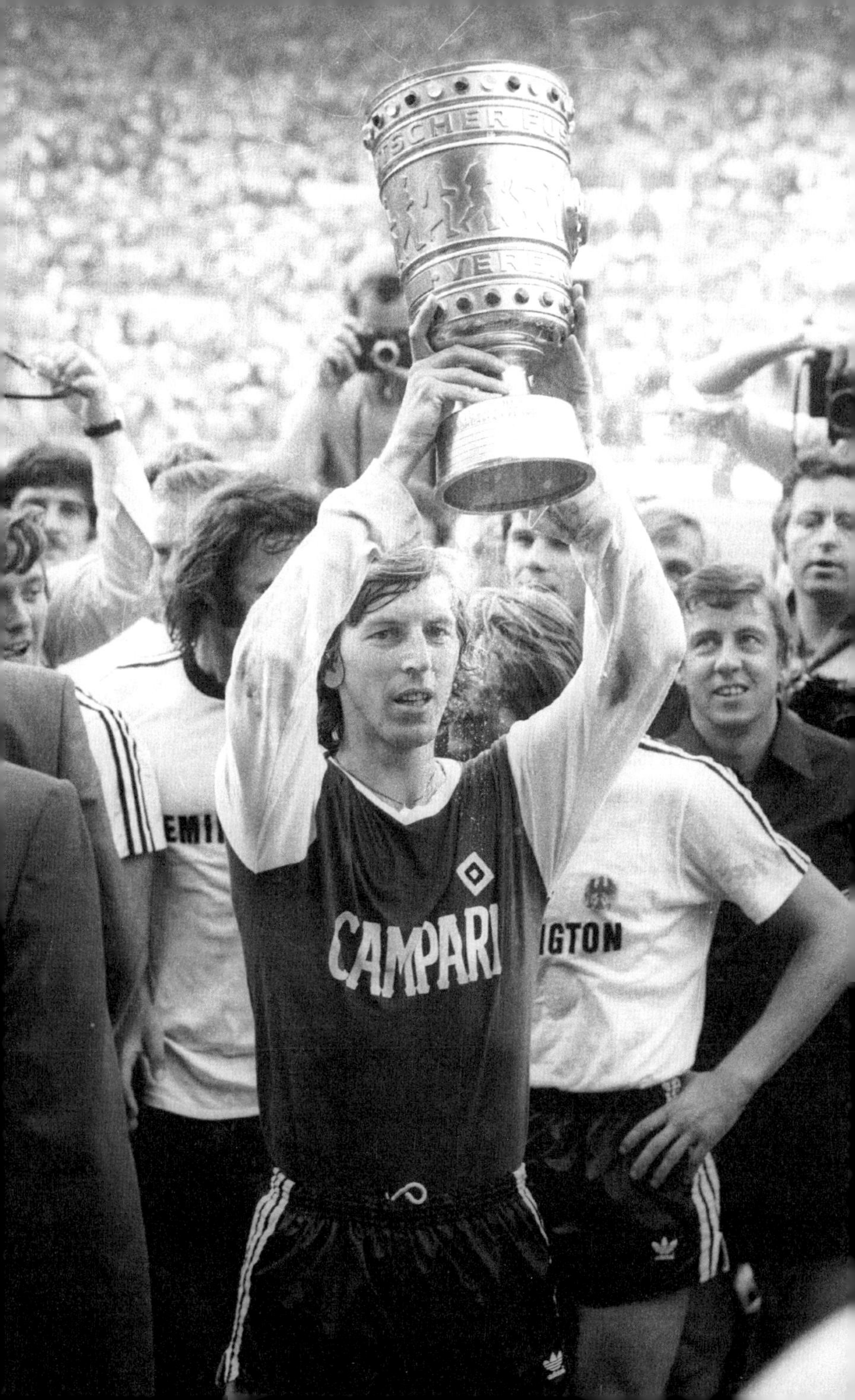
CAMPARI

letzten Länderspiels. Grabowski hörte als Nationalspieler auf, nachdem er den Pokal in die Höhe gestemmt hatte.

Was nicht für seine Eintracht galt. Ihr blieb er weitere sechs Jahre treu. Und noch im WM-Jahr 1974 gewann er mit den Adlern den DFB-Pokal. Das Finale fand wegen der WM vor der neuen Bundesligasaison, im August, statt. Die Weltmeister Hölzenbein und Grabowski führten die Adlerträger zum 3:1 Sieg gegen den HSV um Kaltz, Volkert und Nogly.

Kuriosität in der ersten Saison, in der Trikotwerbung unter dem Adler stattfand: Grabi hatte sein Trikot schon mit seinem Hamburger Gegenspieler getauscht, als es vor die Fotografen ging. Statt Remington, dem damaligen Sponsor der SGE, trug er die Werbung für Campari auf der Brust. Auch wenn auf Intervention später das Trikot für die Fotografen nochmals gewechselt wurde, waren die ersten Bilder im Kasten und wurden natürlich auch veröffentlicht. Im Jahr darauf wurde der Titel im Finale gegen den MSV Duisburg verteidigt, diesmal ohne „Trikotpanne“.

Grabowskis größter Erfolg als Spieler der SGE zeigt ihn erneut in ungewöhnlichem Outfit – „Dank“ dem jungen Gladbacher Lothar Matthäus, der ihn am 15. März 1980, dem 25. Spieltag der Fußballbundesliga, gegen Ende des Spiels in den vorzeitigen Ruhestand getreten hatte. Für ihren Kapitän kämpften sich die Adler um Charly Körbel und Bum-Kun Cha gegen den FC Bayern ins Finale. Dort stand erneut Borussia Mönchengladbach mit Lothar Matthäus als Gegner bereit. Die Geschichte ist bekannt. Fred Schaub machte DAS Tor seiner Karriere und die SGE gewann ihren größten Titel. Der Mannschaftskapitän trug in diesem Moment eine Wildlederjacke, braune Hosen und helle Socken zu seinen Slippern. Er war zum Zuschauen verdammt. Hob dennoch und zurecht die Trophäe in den Frankfurter Nachthimmel.

Jürgen Grabowski ist 2022 im Alter von 77 Jahren verstorben. 532 Mal stand er in Pflichtspielen für die SGE auf dem Platz. Meist als Kapitän. Immer als spielbestimmender Faktor. 140 Tore sind im Geschichtsbuch eingetragen. Welt- und Europameister. Säule der Eintracht.

Ein Rekord für die Ewigkeit

Kein Eintracht-Fan, der diese Zahl nicht kennt. Kein Anhänger der SGE, der nicht den Namen kennt, der mit dieser Zahl auf ewig verbunden sein wird. Karl-Heinz „Charly“ Körbel hat seine gesamte Karriere für die Mannschaft vom Riederwald gespielt. Im Waldstadion natürlich. Denn als Charly spielte, trugen die Stadien noch Stadionnamen und waren keine Werbeträger für Sponsoren. Und auch keine Arenen oder Parks. Der „treue Charly“, wie Körbel wegen seiner ungebrochenen Verbundenheit mit der SGE genannt wird, kickte nur für einen anderen Verein. Für den FC Dossenheim schnürte er – oder seine Eltern ihm – die Stollenschuhe von 1962 bis 1972. Also vom siebten bis zum siebzehnten Lebensjahr. Am Anfang gerne zwischen den Pfosten, als Keeper. Später dann unmittelbar davor. Als Stopper mit der Nummer 4.

Sein erstes Bundesligaspiel bestritt Charly Körbel am 14. Oktober 1972 ausgerechnet gegen den FC Bayern München. Gut sechs Wochen vor seinem 18. Geburtstag. Gleich gegen seinen Lieblingsgegner im kommenden Jahrzehnt: Gerd Müller. Der Bomber der Nation machte auch an diesem Nachmittag „sein Tor“. Doch reichte das späte 1:2 nicht, um aus Frankfurt auch nur einen einzigen Punkt zu entführen.

Körbel holte vier der fünf Frankfurter Pokalsiege. Erstmals 1974, letztmals 1988. 2018 trug er den Pokal auf die Bühne ins Olympiastadion und reckte ihn mit einem verschmitzten Lächeln in Richtung Fans. Wie während seiner gesamten Karriere ließen sie ihn auch in diesem Moment hochleben. Am höchsten gewiss im Jahr 1980. Denn – und wie könnte es anders sein – auch im Moment des größten Triumphs der SGE stand Körbel auf dem Platz. Den UEFA-Cup gegen Borussia Mönchengladbach gewann er damals noch in Hin- und Rückspiel.

Sein letztes Spiel hätte im Frühjahr 1990 am letzten Spieltag gegen den VfB Stuttgart im heimischen Waldstadion sein sollen. Hätte. Denn eine Woche zuvor gab ihm Schiedsrichter Prengel auf

St. Pauli die vierte gelbe Karte der Saison. Das letzte und dann 603. Spiel wurde Körbel verwehrt. Sein Abschiedsspiel im Oktober in Körbels „Wohnzimmer", dem Waldstadion, fließt in diese Statistik nicht ein.

So bleibt ein Rekord für die Ewigkeit und die Manifestation als „Säule der Eintracht" in der U-Bahnhaltestelle Willy-Brandt-Platz. Und natürlich bleibt Körbel auch heute im Herzen von Europa der Eintracht treu. Wie er auf immer im Herzen der Fans bleiben wird.

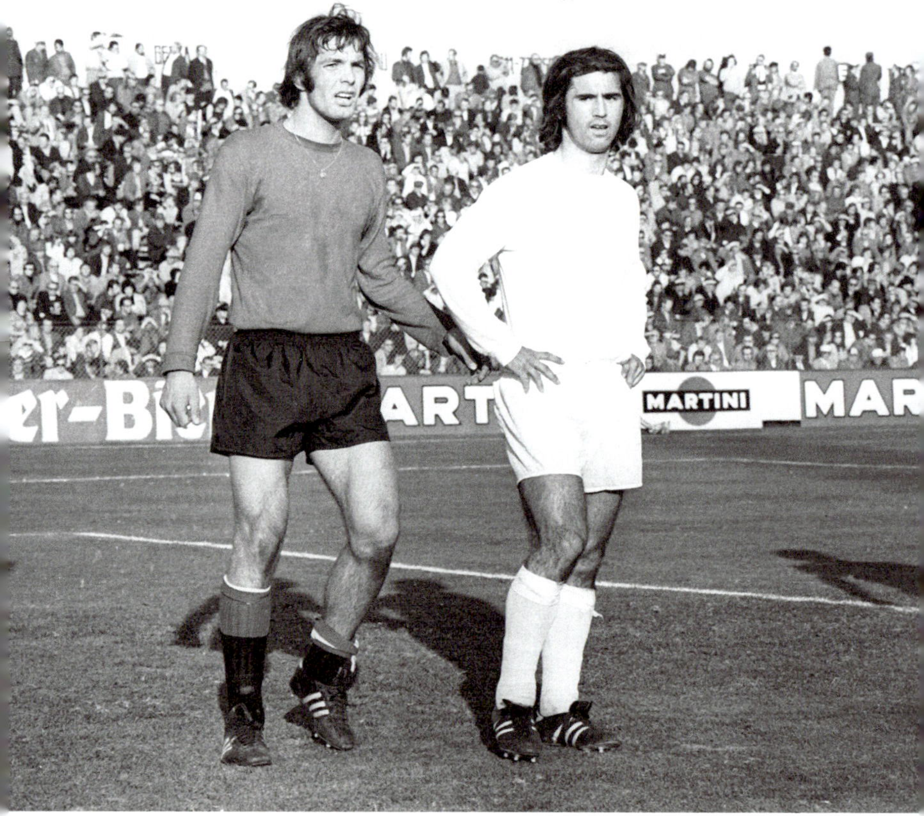

Der Anfang einer großen Karriere: „Charly" Körbel hat es bei seiner Bundesliga-Premiere am 14. Oktober 1972 gleich mit Gerd Müller und dem FC Bayern München zu tun.

Spiel Nr. 603

Am Samstag, dem 8. Juni 1991 erhielt „Charly“ Körbel von Schiedsrichter Michael Prengel in Hamburg eine gelbe Karte. Überflüssig – wie viele meinten. Zu Unrecht, wie die Fans der Eintracht das sahen. Es war fatalerweise die vierte in der Saison, denn nach dem Regelwerk zogen vier gelbe Karten ein Spiel Sperre nach sich. Somit war klar, dass der Kapitän der Mannschaft am letzten Spieltag der Saison im Heimspiel gegen den VfB Stuttgart fehlen würde. Der Verein gab alles, damit der „treue Charly“ seinen Abschied vor eigenem Publikum in Spiel 603 feiern konnte. Vergebens. Gnade ist an der Otto-Fleck-Schneise ebensowenig vorzufinden wie Humor. Körbel erhielt im Oktober 1991 ein offizielles Abschiedsspiel im Waldstadion. Damit war die Karriere offiziell beendet.

Wenig später hätte sie wieder gestartet werden können. Für ein weiteres, für sein 603. Bundesligaspiel. Denn am letzten Spieltag der Saison 1991/92 gingen Trainer Stepanović die Verteidiger aus. Körbel, Assistent Stepis und in jedem Training auch auf dem Platz dabei, war topfit. Er kannte die Mannschaft wie kaum ein anderer und hätte gewiss mit all seiner Routine gerade in der am Ende hektisch werdenden Schlussphase der Saison Ruhe geben können. Körbel bot sich Stepi an, doch dieser winkte ab.

Am finalen Spieltag in Rostock gehörte Karl-Heinz Körbel nicht zum Aufgebot. Seine 602 Spiele sind seither in Stein gemeißelt. Mutmaßlich hatte Trainer Stepanović Angst vor den Schlagzeilen der recht robusten Frankfurter Lokalpresse, wenn der vermeintlich geniale Schachzug schiefgegangen wäre. So ist es auch ohne diesen in die Hose gegangen …

Zahlen und Fakten

ERFOLGE

UEFA-Cup-Sieger: 1980
Deutscher Meister: 1959
DFB-Pokalsieger: 1974, 1975, 1981, 1988, 2018
Meister 2. Bundesliga: 1998

FINALIST

Europapokal der Landesmeister: 1960
DFB-Pokalfinale: 1964, 2006, 2017
Deutscher Vizemeister: 1932

WEITERE ERFOLGE

Süddeutscher Meister: 1930, 1932, 1953, 1959
Deutscher Flutlichtpokalsieger: 1957
Hessenmeister: 1970, 2002
Hessenpokalsieger: 1946, 1969
DFB-Hallenpokal-Finalist: 1988
Fuji-Cup-Sieger: 1992
Alpenpokalsieger: 1967
Rappan-Cup-Sieger: 1967

Der größte Vereinserfolg: Die Frankfurter Legenden
Jürgen Grabowski (l.) und Bernd Hölzenbein
stemmen den UEFA-Pokal in den Abendhimmel.

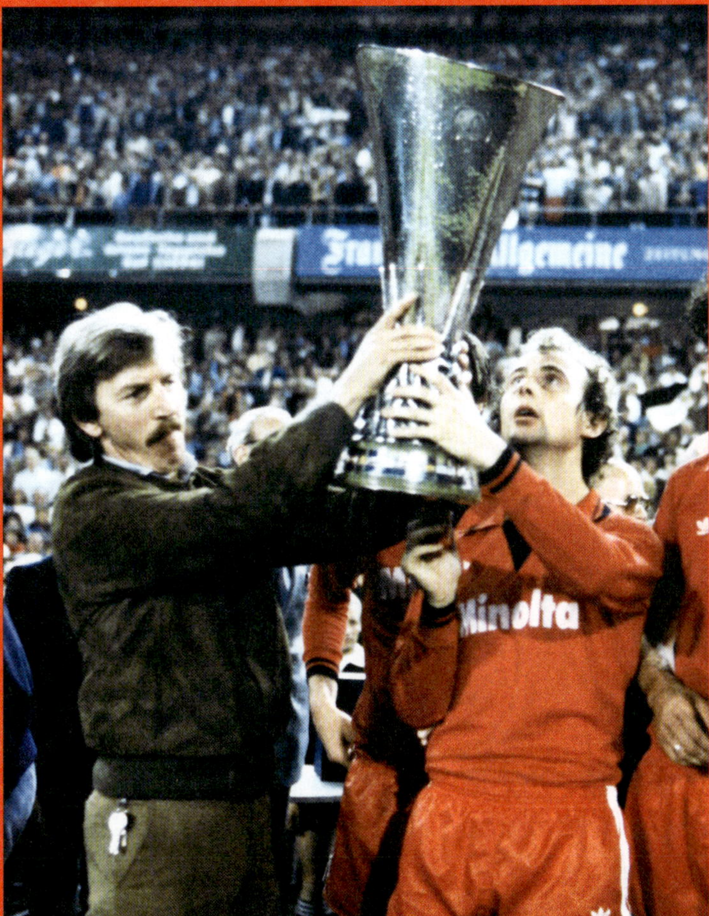
Allgemeine
Minolta

Traumatisierte Holz-Fäller

In der Historie der Deutschen Fußballnationalmannschaft gibt es eine Reihe von Legenden. Dass man in der Vorrunde der WM 1954 mit einer „zweiten Mannschaft" gegen den späteren Finalgegner antrat, um die Ungarn zu täuschen, gehört ebenso dazu wie das wohl nie zu klärende „Wembley-Tor", durch das der WM-Titel 1966 in England verloren ging. Eine andere Szene gehört sogar auch zur Geschichte von Eintracht Frankfurt, weil sie den Nationalspieler der SGE seine gesamte Karriere und darüber hinaus begleiten sollte.

In der ereignisreichen ersten Halbzeit des Finals der WM 1974 gegen die zumindest ebenbürtigen Holländer grätscht bereits nach 53 Sekunden Uli Hoeneß den niederländischen Spielmacher Johan Cruyff im eigenen Strafraum um. Elfmeter. Neeskens. 1:0 für Holland. 23 Minuten später auf der gegenüberliegenden Seite dringt Bernd Hölzenbein in den holländischen Strafraum. Wim Jansen fällt ebenfalls nichts anderes ein als zu grätschen. Der Frankfurter Stürmer fällt, beide Arme in die Höhe gestreckt, den Mund weit aufgerissen, so dass der englische Schiedsrichter Jack Taylor erneut pfeift und auf den Punkt zeigt. Breitner verwandelt sicher und dank dem unvergleichlichen Gerd Müller und dessen 2:1 kurz vor der Halbzeit wird Deutschland zum zweiten Mal Fußballweltmeister.

„Schlitzohr" ist eine Bezeichnung, mit der „Holz" gewiss gut leben kann. Doch der Zorn der Holländer über den vielleicht etwas leichten Fall des ohnehin leichtgewichtigen Goalgetters vom Main ließ diesen nicht ungerührt. „Schwalbenkönig" war noch die netteste Beschimpfung, die von holländischer Seite seither über Hölzenbein zu finden ist. Immerhin sei es „die traumatischste Sporterfahrung der Niederländer überhaupt" schreibt die Tageszeitung „De Limburger". Der Internet-Sportdienst „Spox" dagegen meint lakonisch: „Foul oder kein Foul? Heutzutage würde man sagen: Es gab einen Kontakt." Bernd Hölzenbein selbst hat für sich im Laufe der Jahre auf die ewig gleiche Frage, ob Foul oder nicht, die folgende Antwort: „Auf jeden Fall war es ein Elfer." Damit wäre das also geklärt!

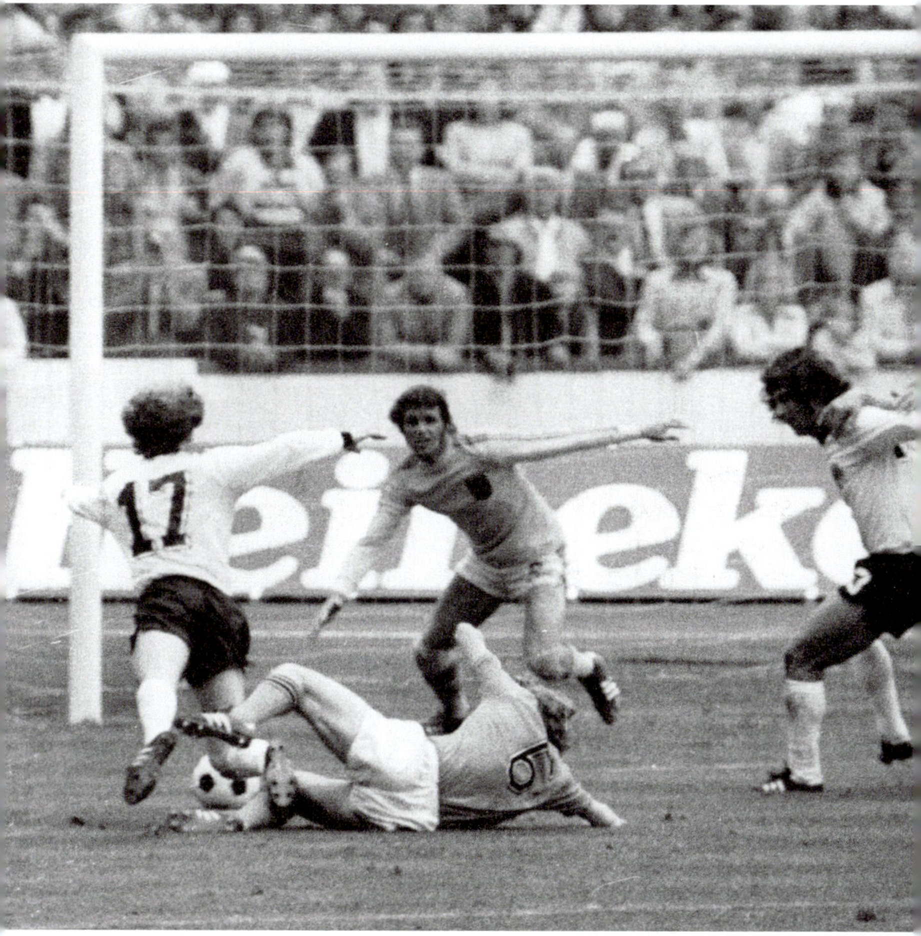

Frankfurter Fall mit Folgen: Wim Jansen grätscht im WM-Finale 1974 gegen Bernd Hölzenbein – der daraus resultierende Elfmeter beschäftigt die Niederländer bis heute.

„Schoppe-Gert“

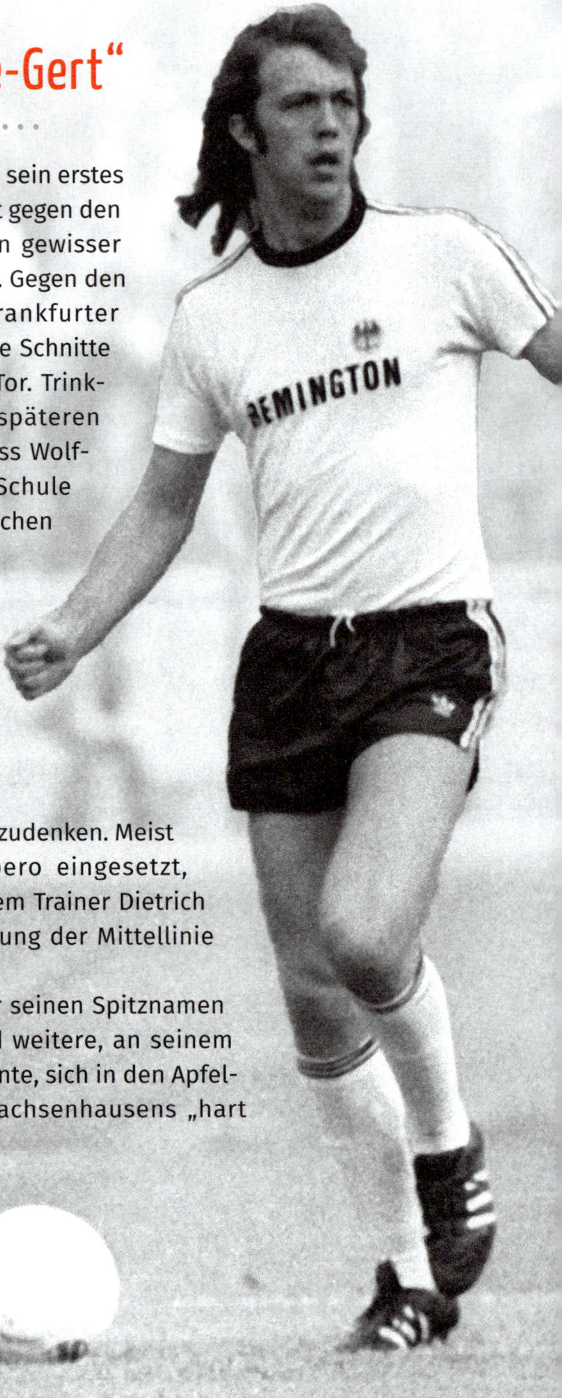

Gert Trinklein machte sein erstes Spiel für die Eintracht gegen den HSV. Dort spielte ein gewisser Uwe Seeler im Sturm. Gegen den Debütanten auf Frankfurter Seite machte er keine Schnitte und vor allem kein Tor. Trinklein, der mit dem späteren SGE-Aufsichtsratsboss Wolfgang Steubing zur Schule ging, fuhr wenige Wochen später mit einem BMW 2002 durch die Frankfurter Innenstadt. Klares Signal: Er war im Profifußball angekommen. Und für die kommenden neun Jahre nicht wegzudenken. Meist als klassischer Libero eingesetzt, wurde ihm von seinem Trainer Dietrich Weise die Überquerung der Mittellinie untersagt.

Der Freigeist, der seinen Spitznamen „Schoppe-Gert“ und weitere, an seinem Nachnamen angelehnte, sich in den Apfelweinwirtschaften Sachsenhausens „hart verdiente“, hielt sich freilich nicht immer an die Vorgaben anderer.

Später, als er die erste Karriere als Fußballprofi in den USA bei Dallas Tornado erfolgreich beendet hatte, konzentrierte er sich auch beruflich auf die Gastronomie. Wechselte quasi auf die andere Seite des Tresens. Im „Brentano-Bad“ unter anderem durfte man sein Gast sein. Als Hallenfußball die Winterpause verkürzen sollte, organisierte er das Turnier in Frankfurt am Main. Und später dann nahm er für die FDP einen Platz im Stadtparlament ein. Gegen seine Fraktion stimmte er zuletzt für die DFB-Akademie auf dem Gelände der Pferderennbahn.

Auch beim DFB-Pokalfinale 1974 gegen den Hamburger SV hielt sich Trinklein nicht an die Weisung des Chefs. In der 40. Minute bekam er im Mittelkreis den Ball zugespielt und marschierte in verbotenes Terrain. Erstaunlich unbedrängt ging der 1,85 Meter große, zu jener Zeit langhaarige Verteidiger bis an den Rand des Strafraums der Hamburger. Er umkurvte Verteidiger und schoss aus etwa elf Metern halblinks flach ins lange Eck. Ein Signal für seine Mitspieler, die zwar noch den zwischenzeitlichen Ausgleich hinnehmen mussten, durch Hölzenbein und Kraus aber in der Verlängerung den ersten DFB-Pokalsieg klar machen sollten. Trinklein, der gemeinsam mit Körbel und Kraus häufiger für den bereits geschlagenen Dr. Peter Kunter Bälle von der Linie kratzte, dürfte auch nach dem Spiel vollen Einsatz gezeigt haben. Sein diesbezüglicher Ruf ist legendär. Leider erlag er am 11. Juli 2017 einem Krebsleiden. Auf die jüngsten Erfolge des Vereins, stößt er gewiss an einem besonderen Ort an.

Frankfurter Freigeist: Gert Trinklein

Tickets für den Heiligen Vater

Im April 1975 eröffnete in der Frankfurter Bethmannstraße einer der ersten Fanshops des Landes. Der „Eintracht-Shop“ trug lange den Namen des Gründers auf dem Schild über der Auslage: Bernd Nickel. Dass dieser in der Hochphase seiner Karriere selbst eher selten dort anzutreffen war, die Geschäfte seinem Partner Willi Schuster überlies, versteht sich von selbst. Und so wurde der gebürtige Österreicher Schuster eine Konstante im Alltag vieler Fans. Tickets für Heim- wie Auswärtsspiele gab es in dem kleinen Laden ebenso wie erste Schals, Wimpel und Trikots.

Die Anfänge des Verkaufs von Fanartikeln waren weit entfernt von dem, was heute Merchandising genannt wird. Das Hauptgeschäft bestand im Vorverkauf. Und hier galt es in der analogen Zeit, seine „Pappenheimer“ gut zu kennen. Telefonische Vorbestellungen sollten eben auch abgeholt werden. Sonst blieben die Betreiber des Shops auf den Tickets sitzen. Schuster kannte sie alle.

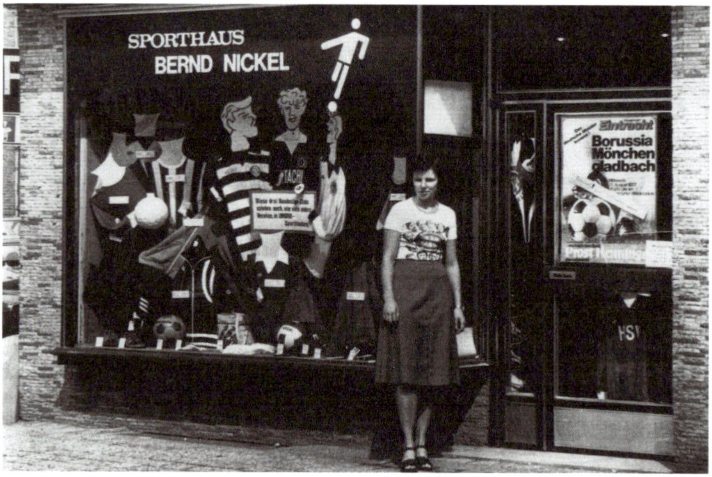

Schals, Trikots, Tickets und mehr: von 1975 bis 2018 Deutschlands ältester Fan-Shop in nächster Nähe zum Römerberg

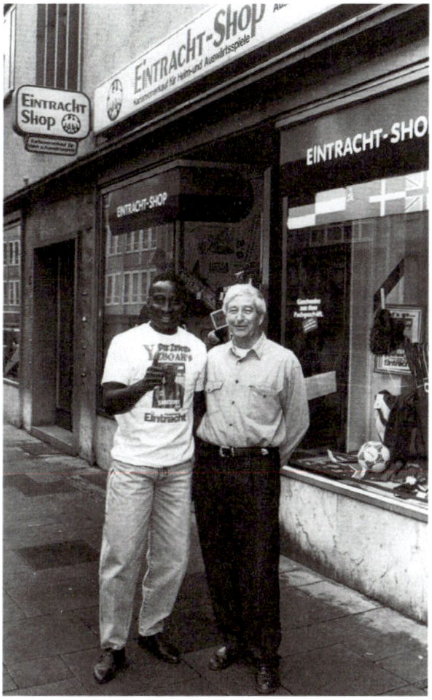

Fototermin vor dem Eintracht-Shop: Willi Schuster mit Anthony Yeboah

Die Banker, die sich die Haupttribüne leisten konnten, wie die „Steher“, die bei Auswärtsfahrten gerne im günstigsten Bus fuhren.

Der Eintracht-Shop hatte an Spieltagen vor der Haupttribüne des Waldstadions zudem einen kleinen „Pilz“, eine Bude, die an einen Champignon erinnerte, in der Fahnen, Schals und auch Karten für weitere Spiele vertrieben wurden.

Es waren Zeiten, in denen das Stadion in der Regel einmal im Jahr ausverkauft war. Wenn die Bayern kamen. An einem schönen Samstag. Nicht im Winter. Gerne im Frühjahr oder Sommer. Dann waren Karten rar. Aber Schuster verkaufte auch Tickets für Länderspiele, unter anderem während der WM 1990 vor Ort in Italien für das Deutsche Reisebüro.

Schuster beherrschte sein Geschäft ausgezeichnet und blieb in der Regel selten auf Karten sitzen. Er hatte meist auch kurz vor Spielbeginn für eine besondere Klientel noch ein paar Restkarten parat. Unter diesen Tickets befanden sich zwei, die wohl nie ihre Verwendung fanden. Jedenfalls ist in der Historie von Eintracht Frankfurt nichts vermerkt. Schuster trug sie stets in seiner Sakkoinnentasche und hat sie wohl mit ins Grab genommen. Er hob immer darauf ab, dass es ja passieren könne. Dass auf dem allerletzten Drücker noch ... Auch kurz nach Anpfiff.

Die beiden Tickets waren bestimmt für: den Papst. Und – wie Willi mit einem Augenzwinkern gerne bemerkte – seine Freundin.

In allen vier Ecken soll Liebe drin stecken!

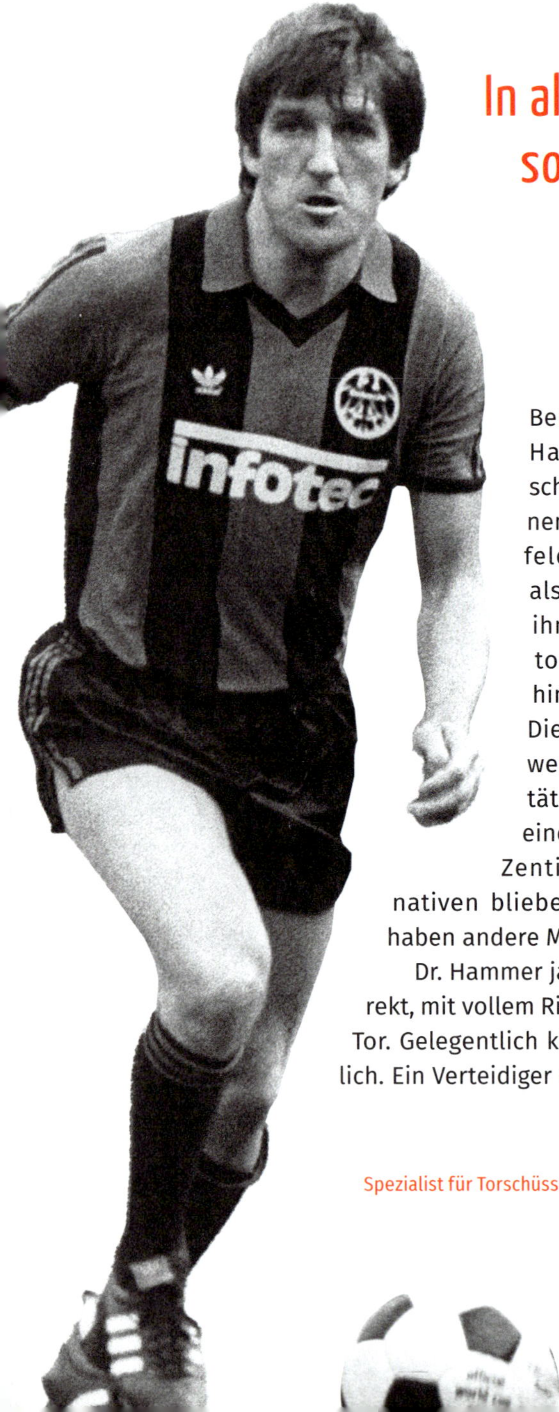

Bernd Nickel, genannt Dr. Hammer, trug Stollenschuhe Größe 40. Auf kleinem Fuß lebte das Mittelfeldgenie der Eintracht also. Immerhin gelangen ihm mit 141 Bundesligatoren die zweitmeisten hinter Bernd Hölzenbein. Die Schuhgröße sagt also wenig über Scorerqualitäten aus. Zumal ihm bei einer Körpergröße von 170 Zentimetern wenig Alternativen blieben. Kopfballungeheuer haben andere Maße.

Dr. Hammer jagte Freistöße gerne direkt, mit vollem Risiko und Vollspann aufs Tor. Gelegentlich klappte dies nicht gänzlich. Ein Verteidiger des 1. FC Kaiserslautern

Spezialist für Torschüsse aller Art: Bernd Nickel

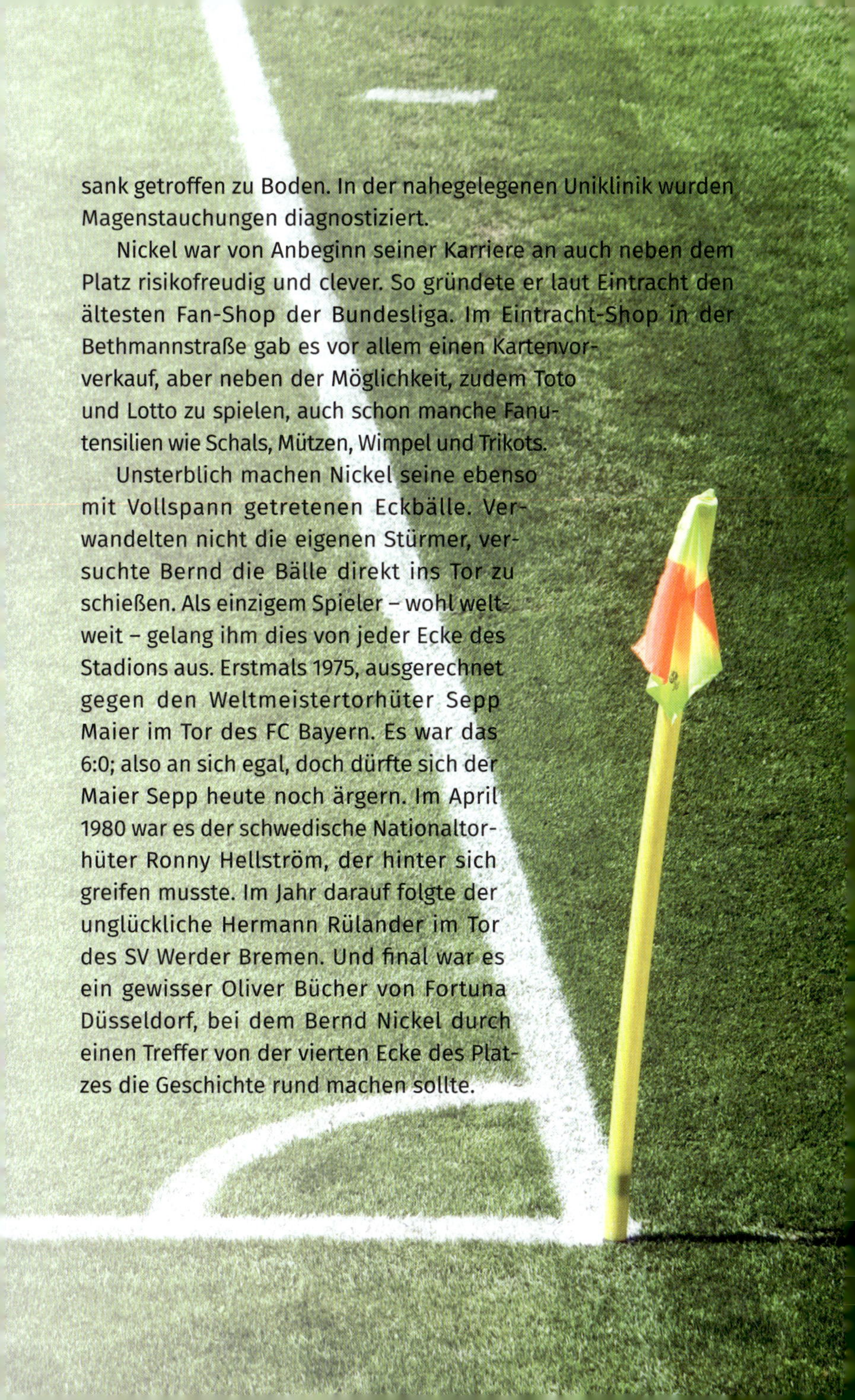

sank getroffen zu Boden. In der nahegelegenen Uniklinik wurden Magenstauchungen diagnostiziert.

Nickel war von Anbeginn seiner Karriere an auch neben dem Platz risikofreudig und clever. So gründete er laut Eintracht den ältesten Fan-Shop der Bundesliga. Im Eintracht-Shop in der Bethmannstraße gab es vor allem einen Kartenvorverkauf, aber neben der Möglichkeit, zudem Toto und Lotto zu spielen, auch schon manche Fanutensilien wie Schals, Mützen, Wimpel und Trikots.

Unsterblich machen Nickel seine ebenso mit Vollspann getretenen Eckbälle. Verwandelten nicht die eigenen Stürmer, versuchte Bernd die Bälle direkt ins Tor zu schießen. Als einzigem Spieler – wohl weltweit – gelang ihm dies von jeder Ecke des Stadions aus. Erstmals 1975, ausgerechnet gegen den Weltmeistertorhüter Sepp Maier im Tor des FC Bayern. Es war das 6:0; also an sich egal, doch dürfte sich der Maier Sepp heute noch ärgern. Im April 1980 war es der schwedische Nationaltorhüter Ronny Hellström, der hinter sich greifen musste. Im Jahr darauf folgte der unglückliche Hermann Rülander im Tor des SV Werder Bremen. Und final war es ein gewisser Oliver Bücher von Fortuna Düsseldorf, bei dem Bernd Nickel durch einen Treffer von der vierten Ecke des Platzes die Geschichte rund machen sollte.

Nicht immer im Sitzen

„Drama Baby! Drama!“ Der Ausruf des Fernsehmenschen Bruce Darnell klingt immer mit, wenn sich der Fan an die entscheidenden Momente der Eintracht erinnert. Gab es überhaupt schon spannendere Finals als jene gegen Reutlingen, Kaiserslautern oder die Bayern aus München? Wurde nicht jeweils im letzten Moment der entscheidende Treffer erzielt?

Das mit Abstand spektakulärste Tor erzielte Bernd Hölzenbein am 7. November 1979 im UEFA-Cup gegen Dinamo Bukarest. Es war erst die zweite Runde, aber umkämpft wie ein Finale. Die Eintracht hatte das Hinspiel in Rumänien deutlich mit 2:0 verloren. Die Regelung, dass Auswärtstore bei Gleichstand „doppelt“ zählten, machte das Rückspiel zu einem Ritt auf Messers Schneide. Das Wetter war – beschissen. Lange Stollen. Die SGE durfte sich kein Tor fangen, dann hätten sie selbst vier schießen müssen, um weiterzukommen. Ein Angriff nach dem anderen rollte auf das von Constantin Stefan gehütete Tor. Erst in der 73. Minute gelang Cha das 1:0. Stefan wuchs über sich hinaus. Die Frankfurter verzweifelten. Kurz vor dem Abpfiff schaufelte die SGE einen Ball in den Strafraum. Hölzenbein stürzte in Richtung Tor. Buchstäblich. Er saß auf seinem Allerwertesten. Stefan kam dem Ball entgegen und nahm ihn locker aus der Luft. Doch dann rutschte ihm das Leder durch die Arme. Hölzenbein reagiert prompt und nickte ins leere Tor. Verlängerung. Da schoss Nickel das entscheidende 3:0. Die SGE war weiter und gewann am Ende „das Ding“.

Und genau da liegt der Beweis, dass es nicht immer spektakulär sein muss. Den entscheidenden Treffer im Rückspiel des Finals gegen Gladbach schoss Fred Schaub – unspektakulär aus der Mitte des Strafraums flach ins Tor. Die Eintracht kann beides: spektakuläre, entscheidende Tore für das Museum UND die „einfachen Dinger“.

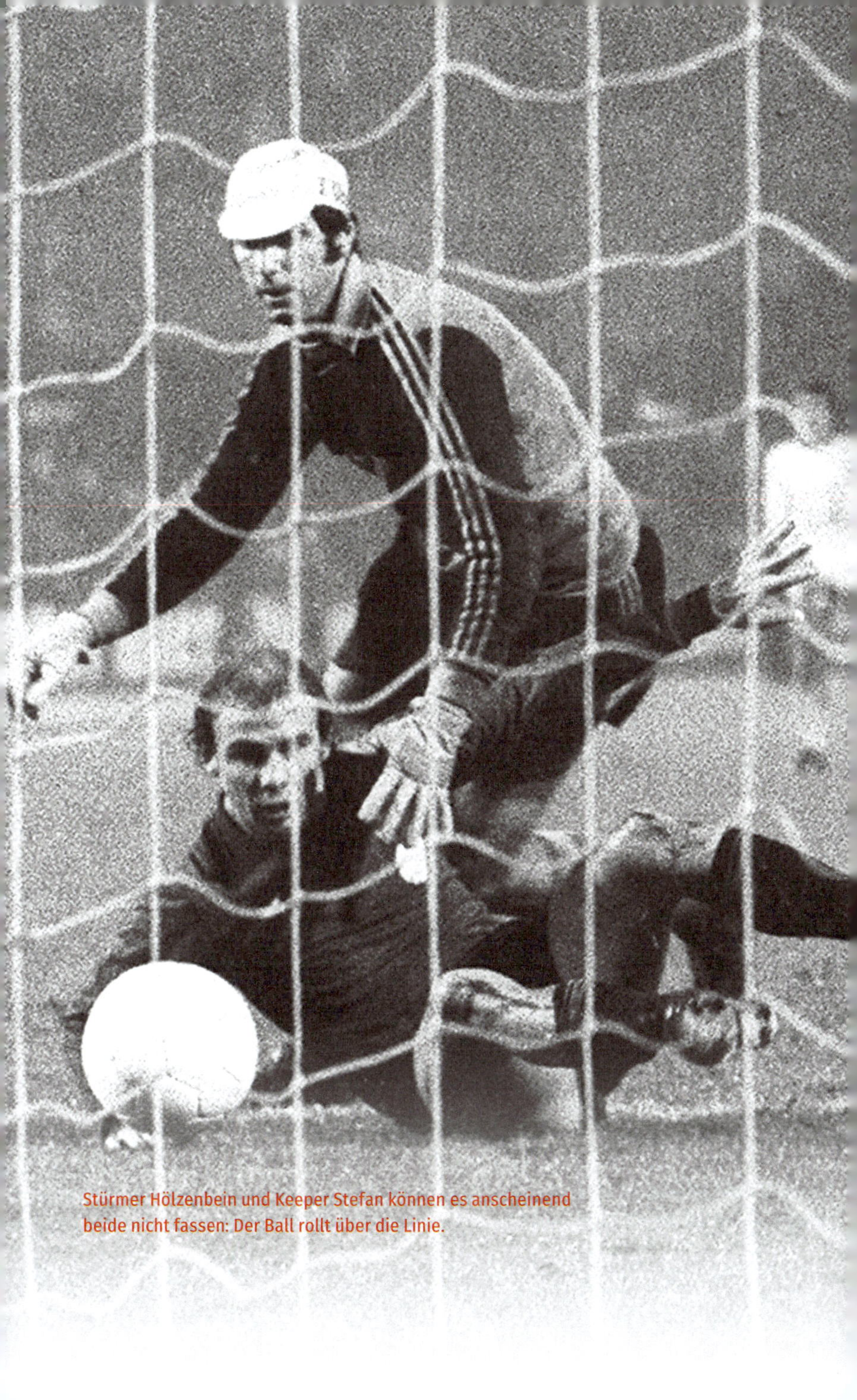

Stürmer Hölzenbein und Keeper Stefan können es anscheinend beide nicht fassen: Der Ball rollt über die Linie.

Kickende Bauherren

Norbert Nachtweih hatte bereits ein mit ereignisreich nur unzureichend beschriebenes Leben. Ein Nachwuchsstar in der DDR. Republikflüchtling, der sich anlässlich eines U-21-Länderspiels in der Türkei vom Team trennte und aus damaliger Sicht „für immer" im Westen landete. Durch eine UEFA-Sperre zu 16-monatigem Nichtstun gezwungen, was er und sein Teamkamerad Jürgen Pahl zu diversen Ausflügen ins Frankfurter Nachtleben nutzten, wurde er eine Säule der Frankfurter Eintracht zu Beginn der 80er Jahre. Als Stammspieler gewann er mit Legenden wie Bernd Hölzenbein, Charly Körbel, Bum-Kun Cha, Bruno Pezzey und Jürgen Grabowski den UEFA-Pokal. Im Finale gegen Borussia Mönchengladbach, dass im Mittelfeld auf einen gerade 19-jährigen Lothar Matthäus setzte.

Nachtweih gehörte zu den Leistungsträgern und Gutverdienern und hätte gewiss nach seiner Karriere noch vom Ersparten leben können. Doch anstatt die Gage, die Prämien und die Sonderzahlungen konservativ anzulegen, erlag er den Verlockungen des damaligen Vizepräsidenten Wolfgang Zenker. Dieser hatte neben dem Ehrenamt eine reguläre Beschäftigung, der er gerade im Hinblick auf die solventen Bundesligaprofis mit großem Erfolg nachging. Für die „Südwestdeutsche Unternehmens- und Finanzierungsberatungsgesellschaft mbH" (Südfinanz) vertrieb er das sogenannte Bauherrenmodell und verkaufte Immobilien an über 80 Profis, unter anderem an Ewald Lienen, Bum-Kun Cha oder den Offenbacher Michael Kutzop. Sie alle kauften bei Zenker Wohnungen oder Häuser, die mit einem besonderen Steuersparmodell versehen waren. Am Ende verdiente ausschließlich der Rolls Royce fahrende Vize-Präsident der Eintracht an diesem nur für ihn einträglichen Geschäft.

Nachtweihs Rettung war sein Wechsel zu Bayern München. Die stets klamme Eintracht bekam fast eine halbe Million D-Mark überwiesen. Der hoch verschuldete Profi aus der DDR bekam einen Manager, der sich sogleich um dessen Finanzen kümmerte: Uli

Hoeneß. Er löste Nachtweihs Probleme. Wodurch er einen sorgenfreien Profi erhielt, der sich auf die wesentlichen Dinge konzentrieren konnte. Gewiss dürfte das deutlich höhere Gehalt, das der Mittelfeldspieler an der Isar verdiente, auch seinen Teil dazu beigetragen haben. Nach sieben erfolgreichen Jahren beim FC-Bayern, wo er viermal Meister und zweimal DFB-Pokalsieger wurde, wechselte Nachtweih frei von Schulden zu AS Cannes, wo er auf einen jugendlichen Profi traf: Zinedine Zidane. Als er 1991 für eine finale Saison zurück zur Eintracht kam, kam er zwar nur noch sporadisch

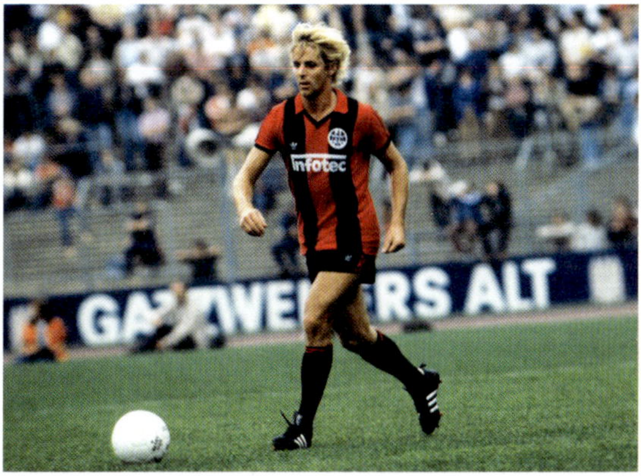

Einer von vielen Bundesliga-Profis, die auf Steuersparmodelle hereinfielen: Norbert Nachtweih

zum Einsatz, gehörte aber zum Team, das am letzten Spieltag nach Rostock fuhr ...

Das Trauma der privaten Insolvenz blieb Norbert Nachtweih erspart. Anders als jene Frankfurter Mitspieler wie Bernd Nickel oder Bum-Kun Cha, konnte er auf die uneingeschränkte Hilfe seines Münchner Managers setzen. Jupp Heynckes beschrieb es im Spiegel vom 4. Dezember 1988 so: Er „ist immer darum bemüht, einem zu helfen, der in der Klemme sitzt. Wie Norbert Nachtweih, dessen Entschuldung nach dem Desaster mit den Bauherrenmodellen er so engagiert betrieben hat, als sei es seine eigene Sache".

„Er" war Uli Hoeneß. Umstritten. Nicht everybody's darling. Aber Nachtweihs Rettung.

One-Shot-Wonder

Er schoss nicht viele Tore für die Eintracht, seinen ersten Profiverein. Fred Schaub durchlief die Jugendmannschaften der Eintracht. Der Riederwald war seine Heimat. In Fulda geboren, beim SV Neuhof in Nordhessen ausgebildet, war die Eintracht der logische Karriereschritt. Dort wurde er auserwählt. Stammspieler der A-Junioren-Nationalmannschaft. Auf bestem Wege. Und dann mit 19 Jahren dieser eine, besondere Treffer. Dem in Frankfurt nur wenige Folgen sollten.

Schaub wechselte im Jahresrhythmus. Fürth, Dortmund, Hannover, Freiburg, Wien hießen die Städte, in denen er kickte. Für Fürth schoss er 38 Tore in 86 Spielen. Für Frankfurt waren es bloß vier in 24. Er beendete seine aktive Karriere nach diversen Stationen in Österreich. Blieb in der Alpenrepublik und gründete eine Familie.

Im April 2003 fuhr er mit dem PKW und seinem Sohn Louis durch Oberhessen. Ein Unfall. Louis, der später selbst in der Bundesliga spielen sollte, überlebte verletzt. Schaub starb. Mit 42 Jahren.

Dabei reichte ein einziger Torschuss, um ihn für alle Frankfurter unvergessen zu machen. Im Rückspiel des Endspiels im UEFA-Cup 1980 gegen Borussia Mönchengladbach. Schaub kam in der 81. Minute, vier Minuten vor seinem Torschuss, für Norbert Nachtweih ins Spiel. Flach durch die vielbeinige Abwehr vor Wolfgang Kneib. Ein Tor für das Museum der Eintracht.

Das Glück des Torschützen: Fred Schaub jubelt nach seinem entscheidenden Treffer zum UEFA-Cup-Sieg.

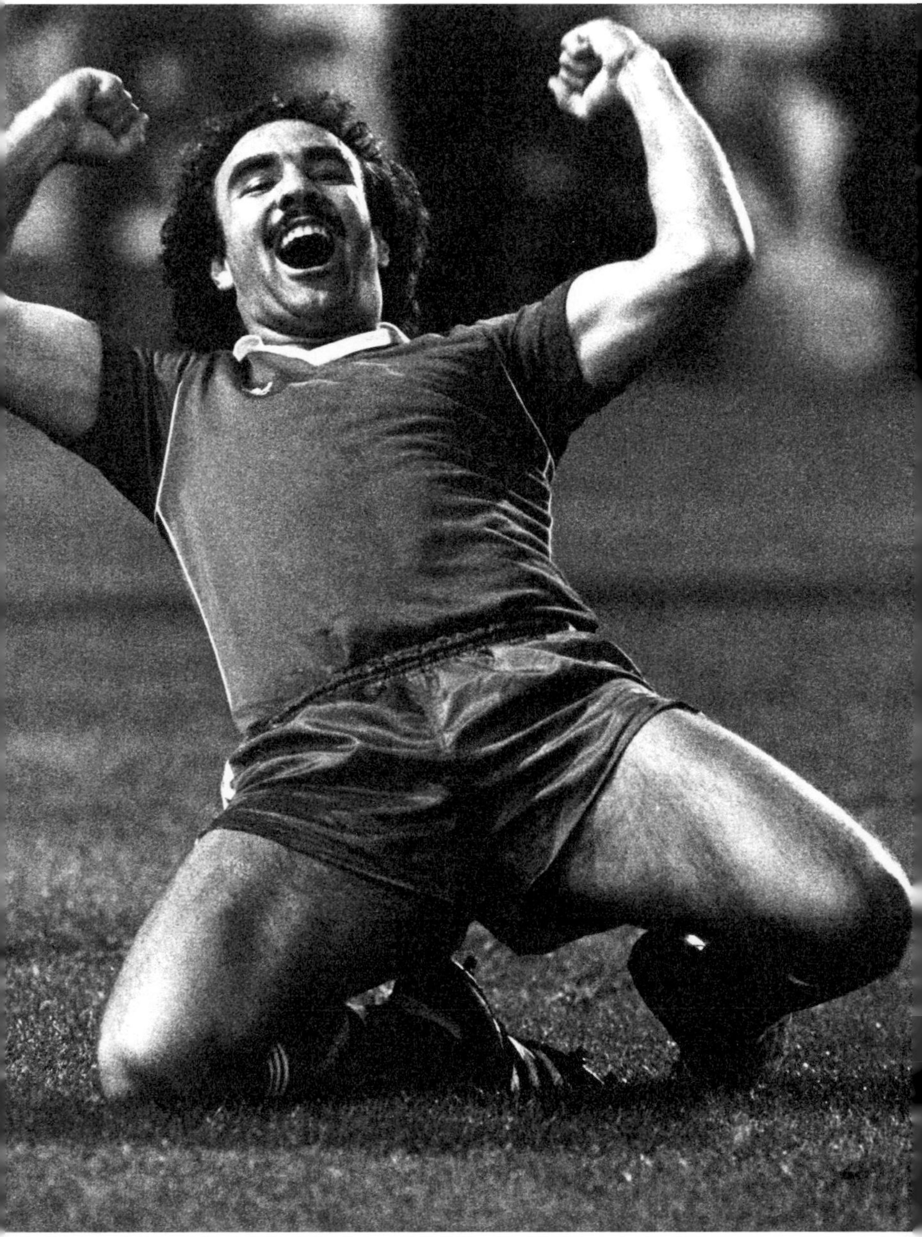

AHA!

Down Under und die 20 Sekunden

Zwei Rekorde mit einem einzigen Transfer, das gelingt auch nicht jedem. Die Eintracht schaffte es im Sommer 1985. Damals wechselte David Mitchell von den Glasgow Rangers an den Main. Im Vergleich zu seinem vorherigen Wechsel ein Kurzstreckenflug. Denn zwei Jahre zuvor war er aus seiner Heimatstadt Adelaide nach Europa gekommen. Australien also, das Land des Australian Rules Football. Dass in der ehemaligen britischen Strafkolonie auch Fußball gespielt wurde, war kaum bekannt. Und dass es Fußballer vom Format eines David Mitchell gab – erst recht nicht. Höchstwahrscheinlich lag es an seinen Eltern, die den im Juni 1962 noch in Glasgow geborenen David als Baby mitnahmen. Auswanderten und ihrer Herkunft entsprechend das runde und nicht das ovale Leder bevorzugten.

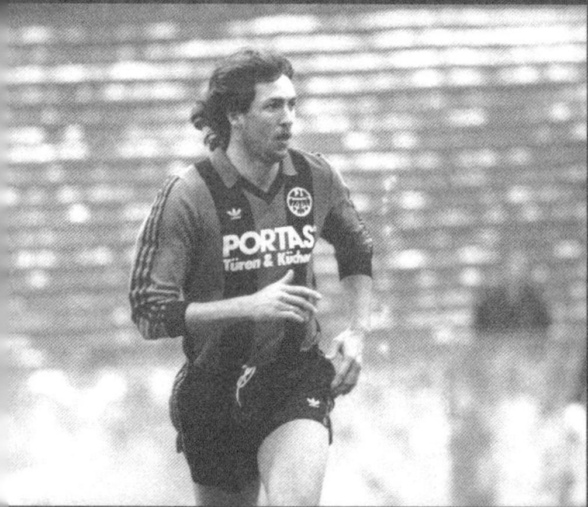

Erster australischer Spieler in der Bundesliga: David Mitchell

Es passte in die Phase der Eintracht, wo man sich eher nach unten orientieren musste, dass man einen Spieler von Down Under verpflichtete. Mitchell, Mittelstürmer, kam in zwei Jahren auf 35 Spiele und fünf Tore für die SGE. Kein Ruhmesblatt. Doch immerhin Rekordhalter seiner Zeit. Einerseits als Spieler mit dem am entferntesten liegenden Heimatort. Andererseits durch sein 1:1 gegen den FC Homburg, 20 Sekunden nachdem er auf dem Platz stand, als der bis dahin schnellste Torschütze nach einer Einwechslung.

Kündigung durchs Toilettenfenster

Dietrich Weise war – bis Jörg Berger das „Wunder“ schaffte – DER Kult-Trainer der Eintracht. Bei seiner ersten Station in den 70er Jahren holte er zweimal den DFB-Pokal. Das zweite Engagement in den 80ern verlief nicht so erfolgreich, aber an der Beliebtheit änderte dies nichts.

Umso enttäuschter war Weise, als er Mitte der Saison 1986/87 erfuhr, dass sein aktueller Mittelfeldspieler Wolfgang Kraus ab der folgenden Saison Manager der Eintracht und somit der Boss des Trainers werden würde. Der Enttäuschung des Coachs folgte die Suspendierung des Spielers Kraus.

Präsident Klaus Gramlich, der seinen Schachzug für genial gehalten hatte, war erbost und lud zu einer Krisensitzung. Nach dieser wurde Cheftrainer Weise entlassen. Co-Trainer Timo Zahnleitner übernahm bis Saisonende.

Der neue Manager Kraus verpflichtete zur neuen Saison Kalli Feldkamp als Chefcoach. Mit ihm und Kraus als Manager holte die SGE im Mai 1988 in Berlin für lange Zeit ihren letzten Titel. In dieser turbulenten Phase der Eintracht fiel auch die Verpflichtung und der Verkauf von Lajos Détári und am Ende die kuriose Entlassung des Managers Kraus. Vizepräsident Klaus Mank wollte die Papiere persönlich überbringen. Da niemand im Hause Kraus aufmachte, warf er die fristlose Kündigung durch das Toilettenfenster ...

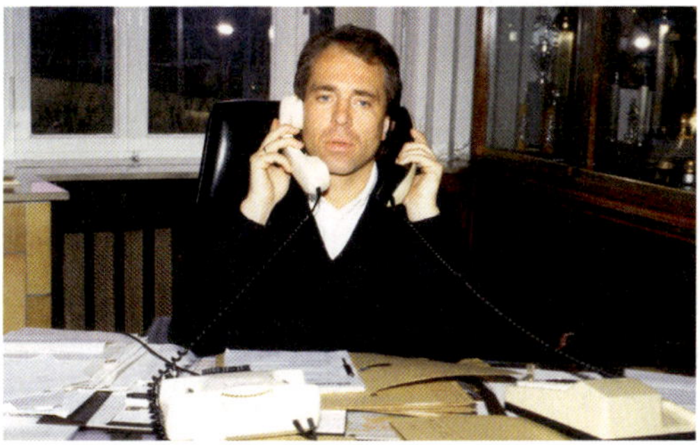

Vielbeschäftigt und kurios gefeuert: Wolfgang Kraus als Manager

Hymnisch

Eigentlich wollte Bum-Kun Cha für den SV Darmstadt 98 spielen. Genau genommen tat er dies am 30. Dezember 1978 sogar. Gut 1000 Landsleute aus ganz Deutschland kamen angereist, um den ersten Koreaner in der Bundesliga zu bejubeln. Cha spielte, duschte, gab schüchtern Interviews und verschwand in Richtung Heimat. Ein „paar persönliche Dinge“ galt es über Silvester noch zu regeln.

Aus der kurzen Reise wurde ein halbes Jahr. Cha musste zum Militär. Als er zurück nach Deutschland kam, war sein Mentor, Lothar Buchmann, nicht mehr Trainer in Darmstadt. Es war Sommerpause und Cha hielt sich an der Kölner Sporthochschule fit. Spitzenfunktionäre von Spitzenclubs wie Rudi Assauer besuchten Cha und machten unmoralische Angebote. Unmoralisch im Sinne von finanziellen Bedingungen unterhalb jeglichen Anstands. Die Eintracht schien ihn weniger schlecht zu behandeln und Cha zahlte das Vertrauen direkt zurück. UEFA-Cup-Sieg und im Jahr darauf DFB-Pokalsieger unter seinem „Entdecker“ Lothar Buchmann.

Auch wenn Cha am Ende seiner Karriere in Deutschland die längere Zeit in Leverkusen verbringen sollte, so wählten ihn die Fans der Eintracht zu einer der Säulen der SGE. Und der Schriftsteller Eckhard Henscheid besang ihn:

Schön ist, Mutter Natur, deiner Erfindung Pracht,
Die den großen Gedanken vermochte, den
Knaben zu träumen, zu denken – und dann auch zu
Bilden mit den schnellen, beseelten, jauchzenden
Füßen des Jünglings: Flink, flitzend,
Flirrend und flackernd – nicht lange fackelnd,
Doch feuernd und feiernd; den fühlenden Herzen
Frankfurts zur Freude.
Bum Kun Cha! Freund aus dem Osten! Fremdling bist
Du nicht länger – nicht bitt’res Los ist Exil
Dir! Heimat, die zweite, du fandst sie.

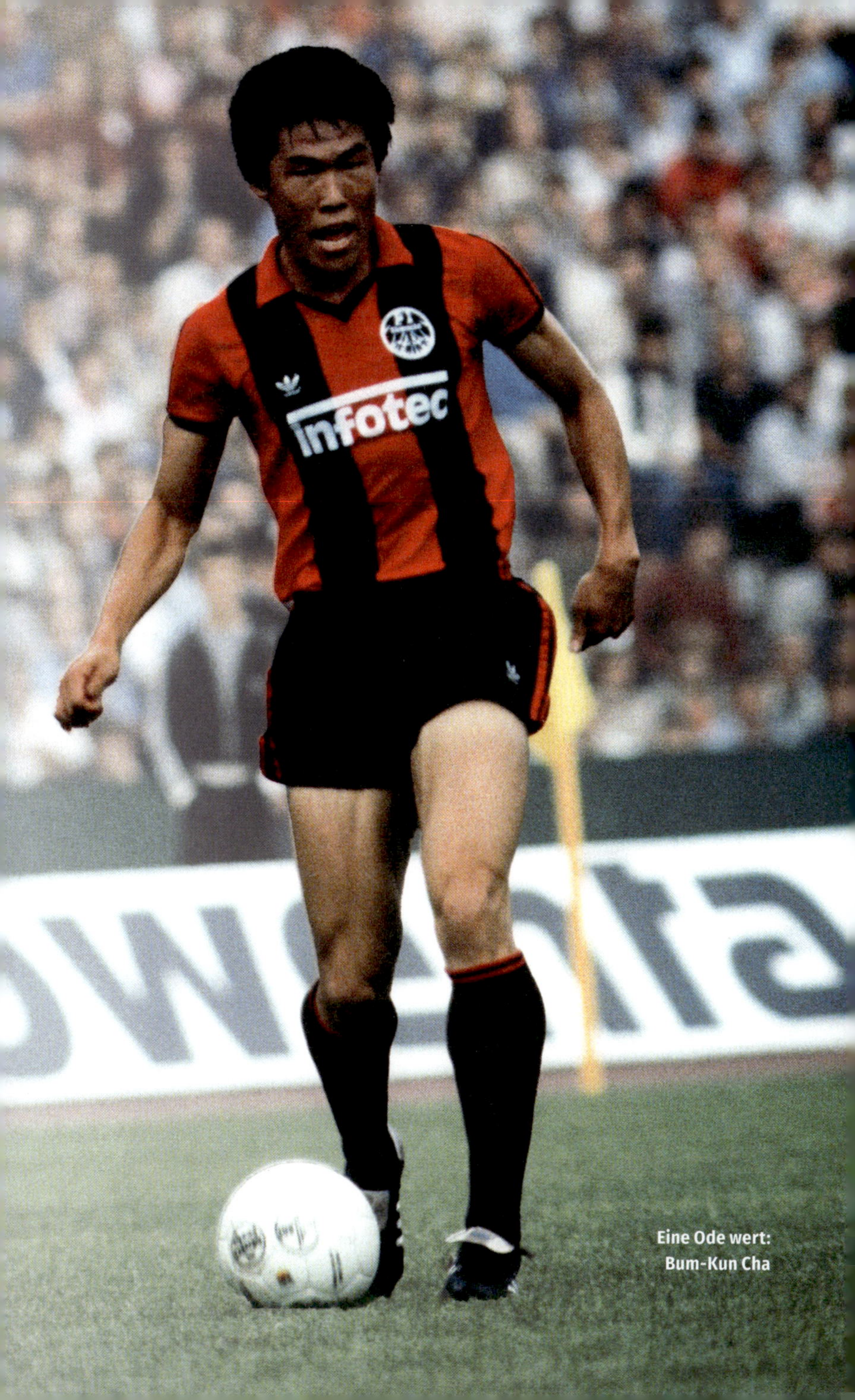

Eine Ode wert:
Bum-Kun Cha

Ein Flüchtling. Ein Finale. Ein Fluch

Jürgen Pahl stand im Museum der Eintracht im Bauch der Fußball-Arena. Das Management um Heribert Bruchhagen hatte dem nach Südamerika ausgewanderten Ex-Keeper einmal mehr die kalte Schulter gezeigt. Da polterte Pahl sein „Ich verfluche diesen Verein“ deutlich hörbar vor sich hin. Es war 2010 und Pahl dachte daran, seine mittlerweile aus Paraguay heraus entstandenen Südamerika-Kontakte der SGE zur Verfügung zu stellen. Bruchhagen hatte kein Interesse und Pahl reiste unverrichteter Dinge ab in die ferne, neue Heimat.

Einen neuen Lebensmittelpunkt hatte Pahl schon Mitte der 70er Jahre gefunden. Gemeinsam mit Nor-

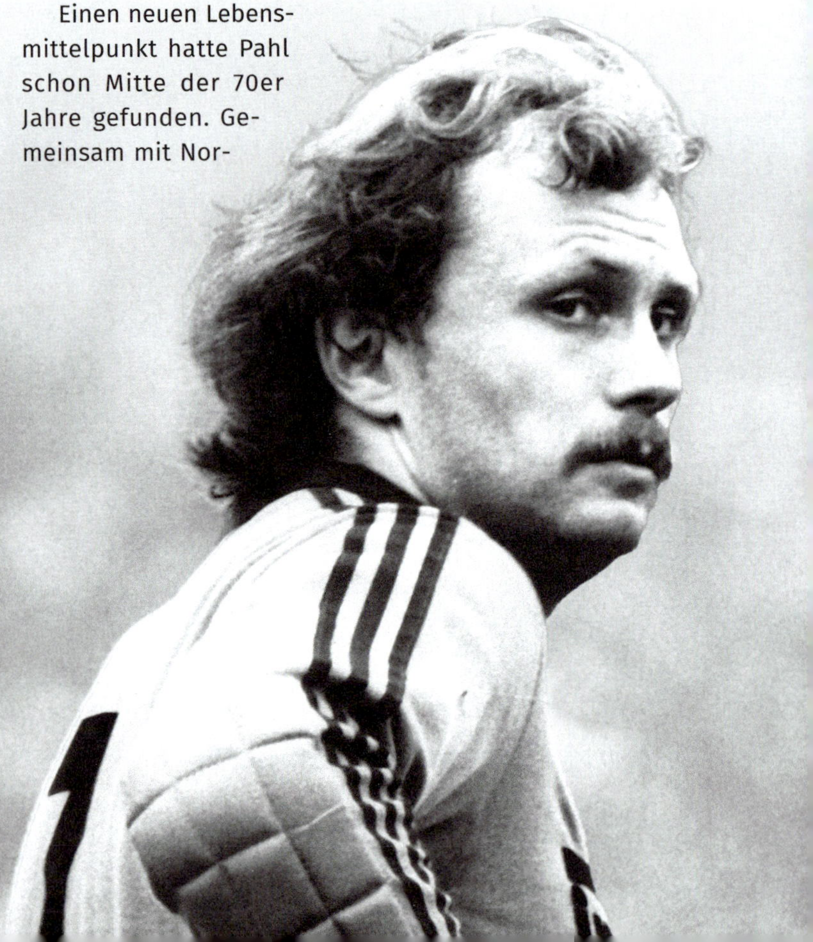

bert Nachtweih nutzte er damals eine Länderspielreise der Jugendauswahlmannschaft der DDR in die Türkei, um sich mehr oder minder spontan in die amerikanische Botschaft abzusetzen. Der türkische Geheimdienst unterstützte den Weg ins Oberhessische, wo die beiden Kicker sich im Aufnahmelager ein Zimmer teilen durften. Sogleich kam ein Spielervermittler der Berliner Hertha, doch den Zuschlag für den weiteren Karriereweg erhielt die Eintracht. Nach der offiziellen Sperre von 16 (!) Monaten durften der Torhüter und der Mittelfeldspieler aus der DDR für die Eintracht auf den Platz gehen.

Gemeinsam standen sie 1980 auf dem Feld, als die SGE den UEFA-Cup holte. Ein Jahr später holte er mit der Eintracht den DFB-Pokal und blieb auch noch in der Mannschaft, als ihn Hansi Gundelach im Tor verdrängte. Am Ende kam es zum Disput mit dem neu installierten Manager Wolfgang „Scheppe" Kraus. Pahl zog den Kürzeren und verließ die SGE in Richtung Türkei. Nur wenig später musste Kraus gehen ...

Pahl verschlug es nach dem Türkeiaufenthalt und dem Mauerfall zurück in die alte Heimat in der nun ehemaligen DDR. Von dort ging es dann nach Paraguay, wo er eine Fußballschule eröffnete.

Nachdem die „Geister der Vergangenheit" mit der SGE nichts mehr zu tun hatten, knüpften beide Seiten wieder Kontakte. Alex Hellmann, in den 80ern auf den Stehplätzen vorzufinden und seit 2021 in führender Position der Eintracht, holte Pahl für ein Benefiz-Spiel der Allstars zurück an den Main. Gegen „Ronaldinho & Friends" hütete er das Tor. Und versöhnte sich wieder mit jenem Verein, den er im Jahr 2010 noch verflucht hatte.

2011 stieg die Eintracht übrigens ab. Nach einer Saison, an deren Ende Christoph Daum den Spielern erklärte, wie der Kopf das dritte Bein sein könnte ...

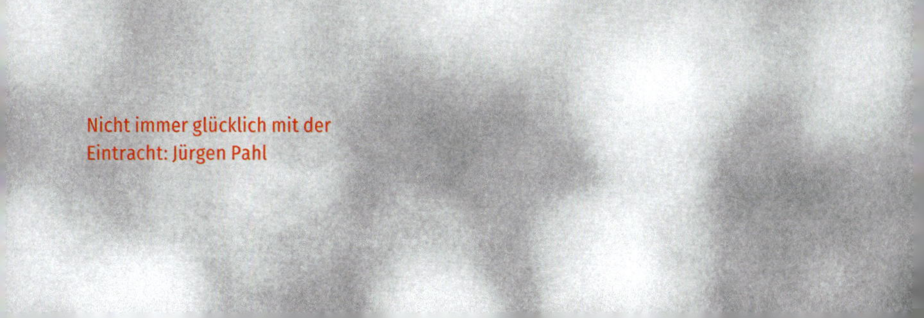

Nicht immer glücklich mit der Eintracht: Jürgen Pahl

Eintracht Frankfurt. Eine Zeitreise

1899 Vereinsgründung am 8. März als Frankfurter Fußball Club Viktoria von 1899.

1907 Erster eigener Sportplatz an der Eschersheimer Straße.

1908 Fritz Becker (Frankfurter Kickers) wird erster Frankfurter Nationalspieler.

1911 Fusion mit Frankfurter Fußball Club Kickers am 13. Mai zu „Frankfurter Fußballverein".

1912 Neues Vereinsgelände an der Roseggerstraße (Sportplatz mit Aschelaufbahn, Tribüne und Vereinshaus).

1920 Im April kommt es zur Fusion mit der Frankfurter Turngemeinde zur „Turn- und Sportgemeinde Eintracht Frankfurt von 1861".

1920 Am 4. September wird das neue Vereinsgelände am Riederwald eingeweiht.

1925 Mit der Begegnung einer Mainbezirksauswahl gegen die Boca Juniors wird am 21. Mai das Waldstadion feierlich eingeweiht. Das Stadion wird zunächst vom FSV Frankfurt, dem SC Rot-Weiß Frankfurt und der Eintracht genutzt.

1927 Trennung von der Turngemeinde und fortan „Sportgemeinde Eintracht von 1899 (FFV)".

1928 Paul Oßwald (23 Jahre jung!) wird für sechs Jahre Trainer der SGE.

Finale um die Deutsche Meisterschaft: FC Bayern München – Eintracht Frankfurt 2:0. 1932

Auf der Hauptversammlung am 21. September wird die „Gleichschaltung“ der Sportvereine und die Annahme des „Führerprinzips“ beschlossen. 1933

Bombenangriffe zerstören das Stadion am Riederwald. 1943

Am 19. November wird mit dem FSV Frankfurt eine Kriegssportgemeinschaft gebildet. 1944

Im Herbst gibt es eine neue Heimat: ein provisorischer Sportplatz an der Roseggerstraße. 1945

Erstes Spiel im Waldstadion nach dem Krieg zwischen Eintracht Frankfurt und dem VfB Stuttgart am 13. Juni. 1946

USA-Reise mit acht Spielen in 24 Tagen auf Einladung des Deutsch-Amerikanischen Fußball-Bundes. 1951

Mit einem Spiel gegen die ägyptische Nationalmannschaft wird am 17. August das wiedererrichtete Stadion am Riederwald neu eröffnet. 1952

Erstes Flutlichtspiel in Deutschland am Riederwald. Am 4. Juni erreicht die Eintracht gegen die Britische Militärauswahl ein 2:2. 1956

Paul Oßwald wird erneut (diesmal mit 53 Jahren) Trainer der Eintracht. 1958

Die Eintracht wird am 28. Juni Deutscher Meister durch ein 5:3 gegen Kickers Offenbach im Berliner Olympiastadion. Wieder ein großer Tag für die Eintracht. 1959

1960 Das Finale im Europapokal der Landesmeister im Hampden Park zu Glasgow gegen Real Madrid am 18. Mai geht mit 3:7 verloren.

1969 Fusion mit der Turn- und Fechtgemeinde Eintracht von 1861 zu „Eintracht Frankfurt e.V.“.

1971 Der Abstieg am letzten Spieltag (5. Juni) wird abgewendet. Kickers Offenbach verliert in Köln und geht in Liga 2.

1974 Remington wird zum ersten Trikotsponsor der Eintracht.

1974 Durch einen 3:1-Sieg gegen den Hamburger Sportverein in Düsseldorf wird die Eintracht am 17. August DFB-Pokalsieger.

1975 Am 21. Juni gelingt der Eintracht die Titelverteidigung im DFB-Pokal durch ein 1:0 gegen den MSV Duisburg in Hannover.

1980 Der größte Erfolg in der Vereinsgeschichte: Nach einem 2:3 im Hinspiel gewinnt die SGE im Rückspiel am 21. Mai durch einen 1:0-Sieg gegen Borussia Mönchengladbach den UEFA-Cup.

1984 Die SGE bleibt in der Bundesliga. Am 1. Juni gelingt der Eintracht in der Relegation im Hinspiel ein 5:0-Erfolg beim MSV Duisburg. Das Rückspiel endet 1:1.

1988 Durch den 1:0-Sieg gegen den VfL Bochum am 28. Mai im Berliner Olympiastadion wird die Eintracht erneut DFB-Pokalsieger.

1988 „Mach Dich runner“ – bei der ebenso legendären wie skandalösen Jahreshauptversammlung der Eintracht am

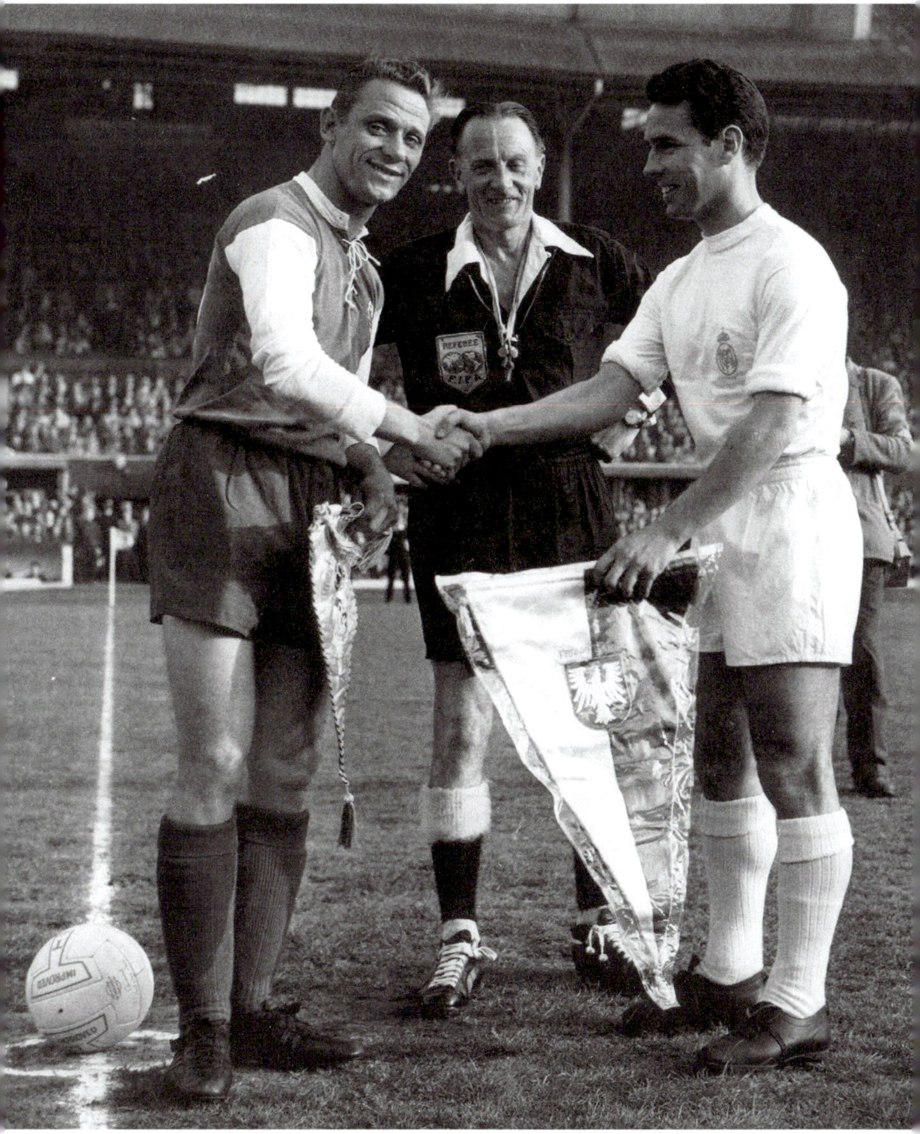

Begrüßung vor dem großen Finale im Europapokal der Landesmeister am 18. Mai 1960: der Frankfurter Alfred Pfaff, José María Zárraga von Real Madrid und der schottische Schiedsrichter John Mowat

14. November kommt es zu einer Schlägerei auf der Rednerbühne.

1989 Wieder eine erfolgreiche Bundesliga-Relegation. Hinspiel am 21. Juni: Eintracht Frankfurt – 1. FC Saarbrücken 2:0 (Rückspiel am 25. Juni 1:2).

1990 Jörn Andersen wird Torschützenkönig der Bundesliga.

1991–92 Fußball 2000 – ohne Happy End.

1993 Anthony Yeboah wird Torschützenkönig der Bundesliga.

1994 Erneut heißt der Torschützenkönig der Bundesliga Anthony Yeboah.

1994 Am 2. Dezember werden Anthony Yeboah, Maurizio Gaudino und Jay-Jay Okocha von Trainer Jupp Heynckes suspendiert.

1996 Erstmals in ihrer Geschichte ist die Eintracht nicht mehr erstklassig. Mit nur 32 Punkten landet die SGE auf Tabellenplatz 17 und steigt in die Liga 2 ab.

1998 Die SGE ist wieder da, wo sie hingehört: Aufstieg in Liga 1.

1999 Am 8. März wird gefeiert: 100 Jahre Eintracht Frankfurt!

2001 Als 17. in der Tabelle mit 35 Punkten muss die SGE den erneuten Abstieg in die 2. Liga verkraften.

2003 Durch einen 6:3-Sieg am letzten Spieltag gegen den SSV Reutlingen 05 gelingt erneut der Aufstieg in die Bundesliga.

2004 Und wieder geht es hinunter: Abstieg in Liga 2.

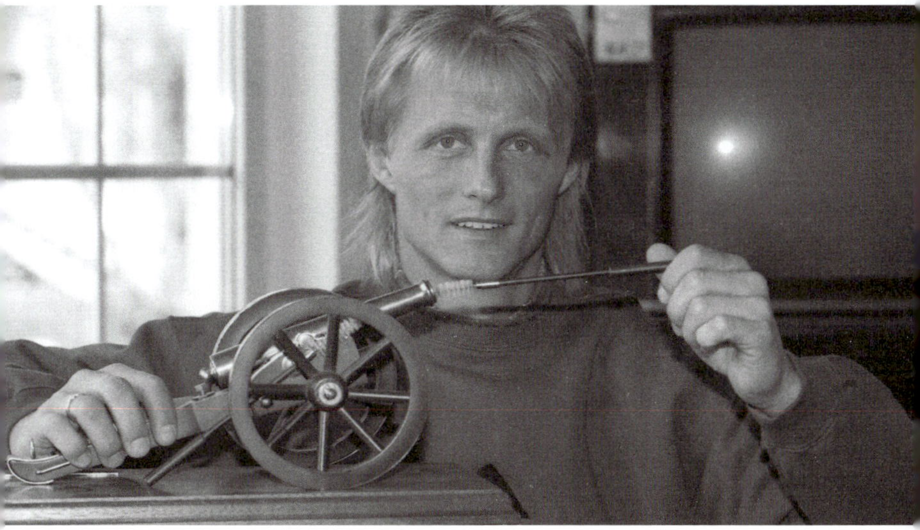

Mit Jörn Andersen wird erstmals ein Spieler von Eintracht Frankfurt Torschützenkönig der Bundesliga.

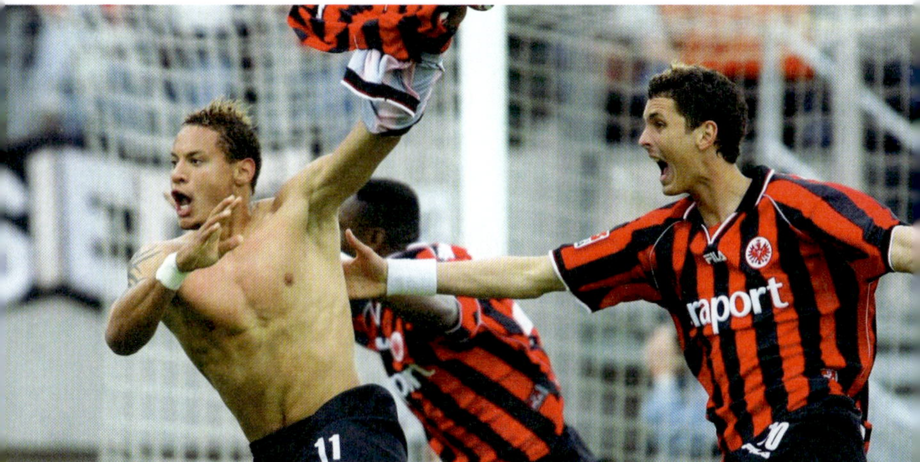

Jubel nach dem Wiederaufstieg in die Bundesliga: Jermaine Jones (l.) und Dino Toppmöller

2005 Obwohl der Start alles andere als hoffnungsvoll war (Platz 14 am 11. Spieltag), schafft die Eintracht als beste Rückrundenmannschaft am 34. Spieltag als Dritter den sofortigen Wiederaufstieg in die erste Liga.

2005 Feierliche Eröffnung des Waldstadions als WM-Arena (15. Juni, Länderspiel Deutschland – Australien 4:3).

2006 Die Eintracht verliert das DFB-Pokalfinale in Berlin am 29. April gegen Bayern München mit 0:1.

2011 Nach gutem Saisonstart holt die Eintracht nur acht Punkte in der Rückrunde. Die logische Folge: Abstieg in Liga 2.

2012 Bereits zwei Spieltage vor Saisonende, am 23. April, fährt der Fahrstuhl wieder nach oben: Aufstieg in Liga 1.

2015 Alex Meier wird Torschützenkönig der Bundesliga.

2017 Im DFB-Pokalfinale in Berlin am 27. Mai unterliegt die Eintracht der Dortmunder Borussia mit 1:2.

2018 Triumphaler DFB-Pokalsieg gegen Bayern München (19. Mai, 3:1).

2019 Die Eintracht schafft es in der EuroLeague bis ins Halbfinale. Dort scheidet sie im Rückspiel gegen den FC Chelsea (3:4 i. E.) aus.

2019 Am 27. August wird der Grundstein für das ProfiCamp Eintracht Frankfurt gelegt.

2020 Erstes Corona-Geisterspiel gegen den FC Basel am 12. März.

2020 Das Waldstadion bleibt beim Namenssponsoring fest in Bankenhand. Von 2005 bis 2020 als „Commerzbank Arena“ betitelt, heißt es seit dem 1. Juli offiziell „Deutsche Bank Park“.

2021 Offizielle Einweihung „Im Herzen von Europa 1“ – der neuen Anschrift der SGE (5. Juli).

2021 Feierliche Eröffnung des ProfiCamp am 31. August.

2022 Über 30.000 Frankfurter erobern ganz in Weiß am 14. April Barcelona. Camp Nou wird zum Stadtteil Frankfurts. Das geschockte Barcelona verliert 2:3. Während Katalonien weint, feiern die Adler den Einzug ins Halbfinale der Europa League. Die SGE beschert der Fußballwelt einen historischen Moment!

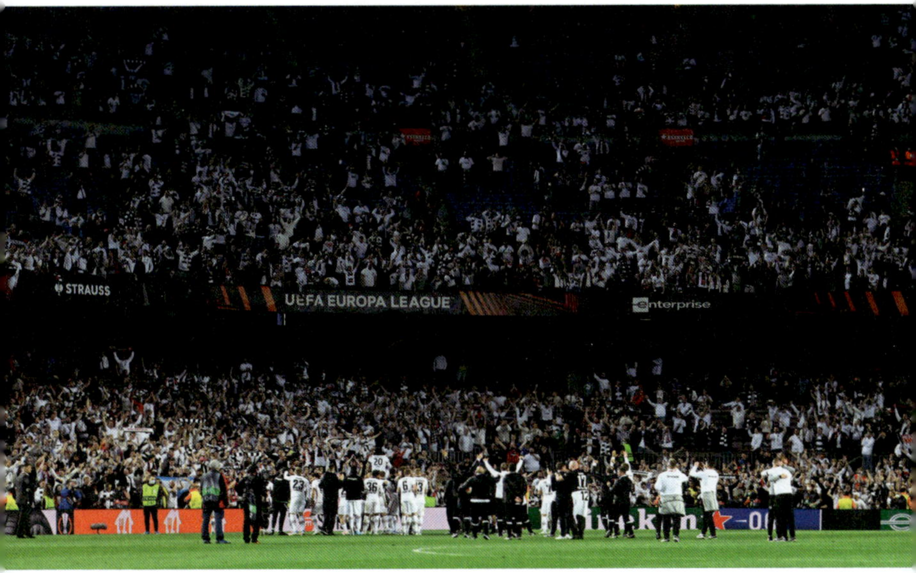

Einmalige Kulisse, einmaliges Spiel: Die Mannschaft und Zehntausende Fans feiern den überwältigenden 3:2-Erfolg der Eintracht beim FC Barcelona wie im eigenen Stadion.

Wo sind die Détári-Millionen?

Im Sommer 1987 kam der Heiland nach Frankfurt. Lajos Détári war ein Versprechen. Ein Zauberfuß aus Ungarn. Mit ihm sollten endlich wieder Titel geholt werden. Zwei Mal hintereinander Platz 15 in der Liga war zu wenig und zu kritisch für die „Diva vom Main".

Eine Delegation um Schatzmeister Wolfgang Knispel reiste nach Budapest, um den begehrten Mittelfeldregisseur in den Westen zu locken. Wir befinden uns immer noch in der Zeit vor dem Mauerfall und nur wenige Jahre nach der durch den NATO-Doppelbeschluss ausgelösten Krise in Europa.

Angeblich war es der Trinkfestigkeit des Schatzmeisters zu verdanken, dass es den Frankfurtern gelingen sollte, die Manager von Honved Budapest vom Verkauf Détáris zu überzeugen. Zwei Millionen US-Dollar legte die Eintracht auf den Tisch. Mehr als damals der AC Mailand für Ruud Gullit zahlte. Die größte Investition, die die SGE bis dato getätigt hatte.

Détári zahlte zurück. Mit Rang neun am Ende der Saison war man zwar noch einige Plätze von der Wunschplatzierung entfernt, aber immerhin weit weg von den Abstiegsrängen. Und in Berlin schoss Détári die Eintracht zum Pokalsieg, was den internationalen Wettbewerb in der Folgesaison garantierte. Und somit weitere Einnahmen.

Die die Eintracht wohl bitter nötig hatte. Denn anschließend, nach gerade mal einer Saison, verkaufte man Lajos Détári für unglaubliche 18 Millionen Mark nach Griechenland. Angeblich acht Millionen wurden direkt an den ungarischen Verband durchgereicht. Über die zehn Millionen, die in Frankfurt verblieben sein müssen, herrscht bis heute Rätselraten. Der Verein war damals Verein – und noch nicht eine ausgegliederte, gewinnorientierte Aktiengesellschaft. Die Eishockeyabteilung stand angeblich kurz vor dem Ruin. Was darstellbar wäre und auch nur einen Teil der Millionen verschlungen hätte. Man suche heute noch, frotzeln die Fans der SGE. Mittlerweile sind solche Summen auch fast

„Peanuts“, wie der damalige Chef der Deutschen Bank, Hilmar Kopper, vielleicht gesagt hätte. Der Verbleib ist jedenfalls weiterhin nicht geklärt.

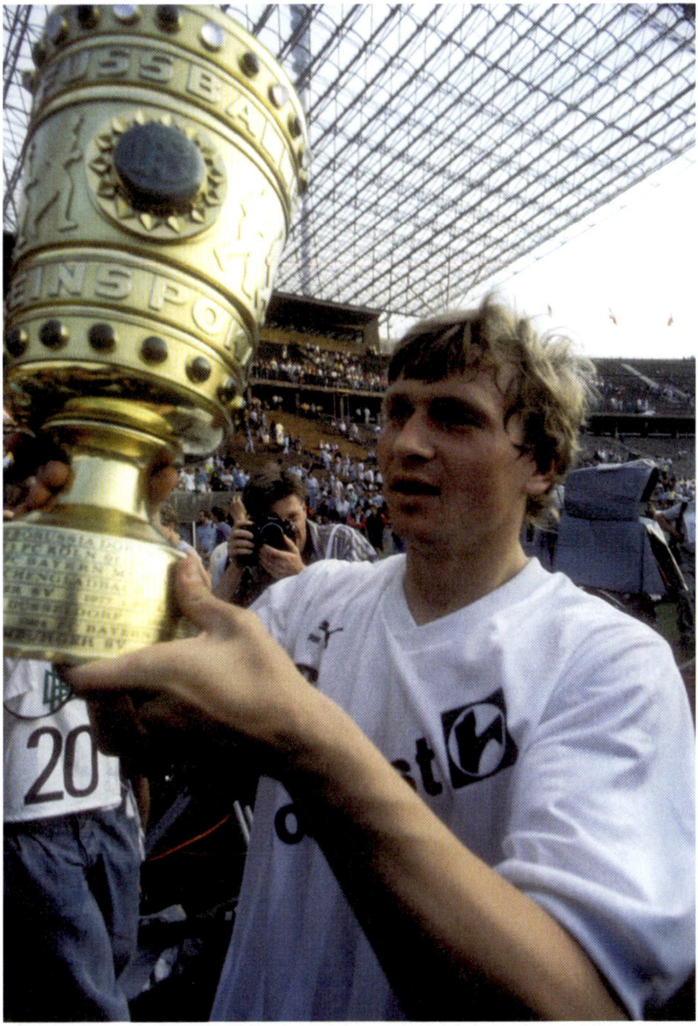

Unterschiedsspieler und Kassenfüller: Lajos Détári

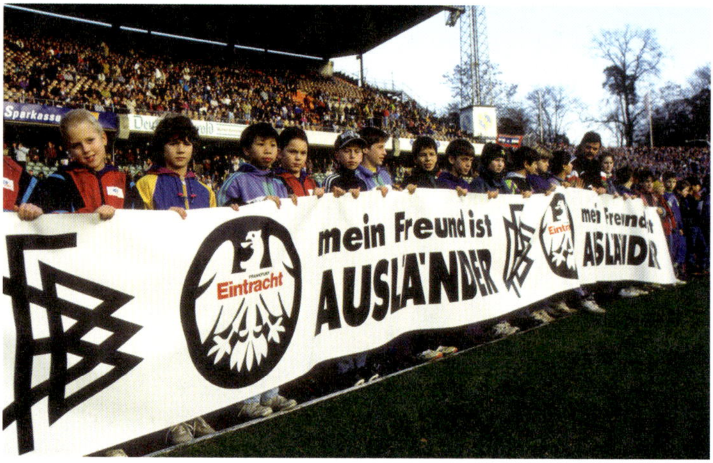

Zeichen setzen 1993: Fußballkinder der Frankfurter Eintracht unterstützen die Initiative „Mein Freund ist Ausländer".

Sabini – United Colors of Bembeltown

1989. Das Jahr, in dem die Mauer fällt. Eine in vielerlei Hinsicht bewegende Zeit. Die Eintracht mal wieder in unteren Gefilden. Schafft es, sich für die Relegation um den Verbleib in Liga 1 zu qualifizieren. Es geht gegen den von Klaus Schlappner trainierten 1. FC Saarbrücken. Zu dessen Team gehört ein junger Afrikaner: Anthony Yeboah. Schon in seinen Anfängen ein Erlebnis. Vor Kraft strotzend, mit einem harten Schuss ausgestattet und mit etwas, was im Fachjargon „Torriecher" heißt. Die Fans des 1. FC waren sehr froh, diesen Stürmer in ihren Reihen zu wissen.

Natürlich teilten die Frankfurter Fans diese Liebe (noch) nicht. Zumal Yeboah im Relegationsrückspiel das 1:0 für den Zweitligisten schoss. Affenlaute und andere Tiergeräusche kamen aus dem Frankfurter Block. Rufe wie „Husch, husch, husch, … in den Busch“ waren nicht selten.

Leider kommen rassistische Bekundungen auch heute noch vor. Dem Komiker-Duo Badesalz aus Frankfurt gingen der Ton und die Texte aus der Fankurve schon damals derart gegen ihre innerste Überzeugung, dass sie einen der genialsten Anti-Diskriminierungs-Sketche schrieben. Darin verfolgen Fans das Treiben der Mannschaften und diskriminieren den dunkelhäutigen Spieler der Gegenseite aufs heftigste. Erst als ein Zuschauer einwirft, dass dieser „Sabini“ genannte Spieler wohl vor einem Wechsel zur eigenen Mannschaft stünde, dreht sich die Stimmung. Mit meist immer noch rassistischen Formulierungen („wenn man schon mal ein Zebra mit der Hand gefangen hat“) demaskieren die Komiker ihre Mitfans und deren Gesinnung. Am Ende jubelt der Block dem zukünftigen Spieler der eigenen Mannschaft zu, obwohl er gerade ein Tor gegen eben jene geschossen hat.

Der Sketch ist legendär. Auslöser eines Wandels, der über Aktionen wie „Mein Freund ist Ausländer“ oder „United Colors of Bembeltown“ bis zu der durch Präsident Peter Fischer postulierten klaren Positionierung gegen jedwede Form von Diskriminierung und Ausgrenzung geht.

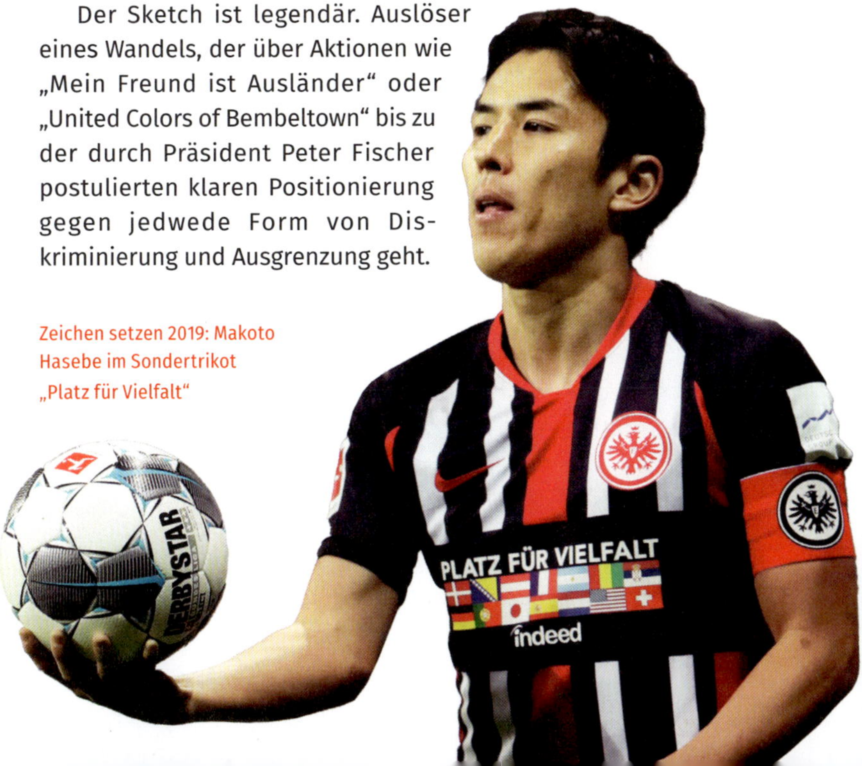

Zeichen setzen 2019: Makoto Hasebe im Sondertrikot „Platz für Vielfalt“

AHA!

Mit Badeschlappen ...

Wer Ralf Falkenmayer außerhalb des Platzes sah, der wäre im Leben nicht auf seinen ausgeübten Beruf gekommen. Mit 173 cm Körpergröße und 60 kg Gewicht eindeutig zu leicht für einen Profifußballer. Doch Falke hatte Qualitäten, die von seinen Mitspielern wie Uwe Bein über alle Maßen geschätzt wurden. Ein Ballerobererer im besten Sinne. Flink und wendig stibitzte er den Gegnern im Mittelfeld das runde Leder. Und legte es in der Regel einem Uwe Bein geschickt vor die Füße, statt selbst zu dirigieren. Was er gekonnt hätte. Feine Technik war vorhanden.

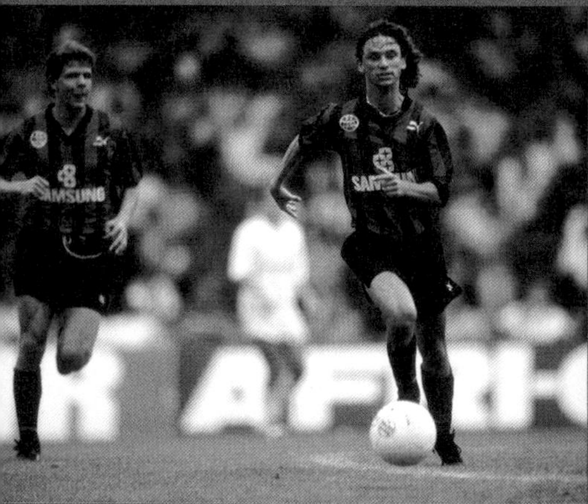

Fixpunkt im Mittelfeld, auch für Andy Möller: Ralf Falkenmayer

Doch gehört es zur Bescheidenheit des in Frankfurt Geborenen, sich nicht in den Fokus drängen zu wollen. Mit 16 kam er an den Riederwald und kickte – mit einem kleinen Zwischenstopp in Leverkusen, wo er 1988 mit Bayer den UEFA-Cup gewann –, bis zu seinem 33. Lebensjahr für die Adler. Falke brachte es auf vier A-Länderspiele und stand im Kader der EM 1984, blieb dort aber ohne Einsatz. Als Spieler wie als Mensch eigentlich die Zuverlässigkeit in Person, hatte er dennoch auch mal schlechte Tage. Was im Unmut der Fans zu der irgendwie liebevollen Frotzelei führte, er habe heute die Badeschlappen an. Geschuldet Falkenmayers Ausbildungsberuf. Der gleiche, den der „Gladiator" Ralf Möller vorzuweisen hat: Schwimmmeistergehilfe!

6.6.66

Den Fußball-Statistiken entgeht in der Regel nichts, auch das Alter spielt im Spitzensport stets eine Rolle. Wer weiß noch, dass Fritz Walter mit 37 Jahren und sieben Monaten bei der WM 1958 sein letztes Länderspiel bestritt. Lothar Matthäus war bei seinem Abschied 2000 gar schon 39 Jahre alt. Klaus Fichtel hält den Rekord als Bundesligaspieler mit 43,5 Jahren.

Bei einem Spieler der SGE werden wir wohl nie das wahre Alter erfahren. Als Anthony Yeboah nach Deutschland kam, interessierte sich noch kaum jemand für seinen Pass und das darin aufgeführte Alter, zumal afrikanische Spieler damals eher selten ein Familienstammbuch mit Geburtsurkunde vorweisen konnten. Mit seinem Wechsel nach Frankfurt und vor allem als Torschützenkönig in der Bundesliga 1993 und 1994 geriet Yeboah in den Fokus der Medien. Das interessante Geburtsdatum tat ein Übriges: 6.6.66.

Yeboah selbst äußerte sich lange nicht dazu, was seinen Nationaltrainer, den deutschen Otto Pfister zu dem Vorschlag führte: „Da hilft nur eins: Bein aufsägen und Jahresringe zählen!“ Aus guten Gründen wurde darauf verzichtet.

Das Geheimnis lüftete Yeboah nach seiner Karriere und es hatte wenig mit der Schnapszahl an sich zu tun. Um bei den Senioren mitspielen zu dürfen, hatte er in seiner Jugend einen falschen Spielerpass, in dem das Geburtsjahr 1964 eingetragen war. Er machte sich also älter, als er war. Erst später änderte er dies in das – so Yeboah – nun korrekte Geburtsdatum: 6.6.66. Den Fans der SGE wird die Anzahl der für die Eintracht geschossenen Tore ohnehin wichtiger und präsenter sein als Geburtsdaten ...

Anthony Yeboah

Kein Trumpf gegen trunkene Truppe

Die Saison 1991/92 war in vielerlei Hinsicht eine besondere. Vielleicht die beste Leistung einer Frankfurter Mannschaft „ever“. Mit Sicherheit die größte Enttäuschung „EVER“. An 19 von damals 38 Spieltagen stand die SGE auf Platz 1. Selbst am vorletzten Spieltag noch. Der spätere Meister VfB Stuttgart konnte nur dreimal diese Position erreichen. Leider auch am wichtigsten, dem letzten Spieltag.

Die Legende vom geklauten Titel, in dem ein gewisser Alfons Berg aus Konz, Ralf Weber und eine TV-Kamera unterschiedliche Rollen innehaben, ist tradiert. Nicht messbare Mengen an Flüssigkeit wurden auf dem Weg aus der Hansestadt Rostock zurück an den Main in Bussen, Zügen oder Pkws aufgenommen und als Tränenflüssigkeit wieder vergossen. Doch im Grunde versemmelte die Mannschaft den Titel schon in den Spielen davor.

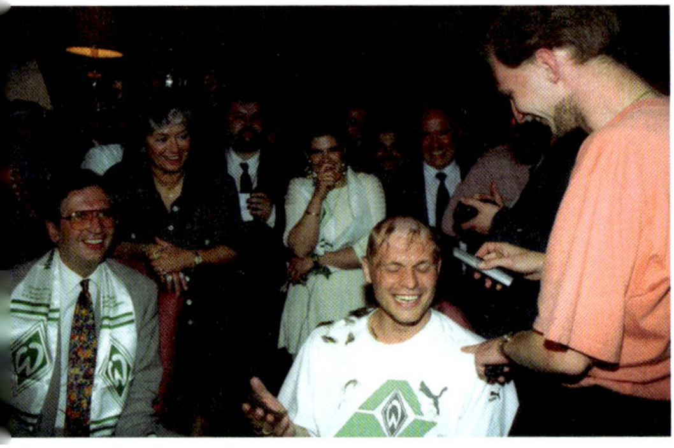

Die Eintracht konnte die Folgen der Bremer Feierlichkeiten nicht nutzen.

Vom 30. bis 33. Spieltag reihten sich vier Remis hintereinander. Am Ende ein 1:1 gegen Wattenscheid 09, das gegen den Abstieg kämpfte, aber laut Uwe Bein im Interview mit „11 Freunde“ aus dem Waldstadion geschossen hätte werden müssen. Es folgten drei Siege und der erste Tabellenplatz, als am vorletzten Spieltag Werder Bremen nach Frankfurt kam. Die hatten unter der Woche den Pokal der Pokalsieger gewonnen. Uli Borowka hatte sich von Dieter Eilts eine Glatze scheren lassen. Olli Reck, Johnny Otten, Günter Hermann und Manni Bockenfeld wird noch am Morgen des Spiels gegen die SGE ebenfalls das Haupthaar von einem Bremer Friseur gänzlich entfernt. Und nicht nur Uwe Bein bemerkte, dass die Truppe den Geruch des Restalkohols nicht verbergen konnte ...

Nach 77 Minuten gegen eine Mannschaft, von denen einige vor Spielbeginn den Frankfurter Männern zuraunten, dass sie der SGE die Meisterschaft gönnen würden, stand es plötzlich 1:2. Das Unternehmen Meisterschaft war in höchster Gefahr. Stuttgart und auch Dortmund wären bereits am vorletzten Spieltag vorbeigezogen. Doch Yeboahs Ausgleich kurz vor dem Ende der Partie ließ der SGE alle Trümpfe in der eigenen Hand. Man musste „nur noch" beim Absteiger Rostock gewinnen ... Das Ende ist bekannt. Seinen Anfang nahm es aber bereits eine Woche zuvor, als es nicht gelang, die „trunkene Truppe" von der Weser zu besiegen.

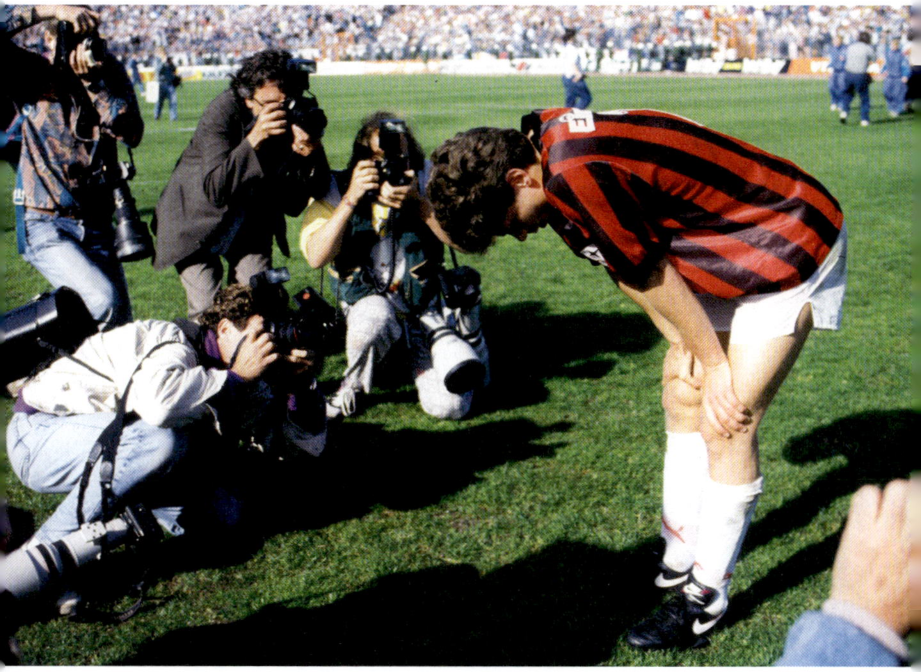

Das endgültige Aus in Rostock tat nicht nur Andreas Möller weh.

Immer wieder freitags

Besondere Fußballer sollten besondere Privilegien genießen. Der junge Cristiano Ronaldo hat bei Manchester United handgestrickte Stutzen getragen. Alex Ferguson hat das nicht nur gebilligt, sondern die besondere Akribie seines Weltstars gelobt.

In Frankfurt prägte Heinz Gründel den Satz: „Woran erkennt man in Frankfurt, dass Freitag ist? Uwe Bein kommt zum Training!"

Heute noch wird dieses Zitat gerne für die Trainingsfaulheit Beins hergenommen. Dabei waren es die genialen Pässe, ohne die der in den 90er Jahren in Frankfurt geprägte Begriff „Fußball 2000" mit Yeboah, Andy Möller und eben jenen Uwe Bein undenkbar gewesen wäre. Stepi sagte damals in gewohnt holprigem Serbo-Hessisch: „Wenn der Uwe hat die Ball, die Ball hat die Auge." Der „tödliche Pass" wurde nach dem Mann benannt, der selten laut wurde. Nach eigener Aussage im 11-Freunde-Interview belegte er den wütend im Training nach Bein tretenden Uli Stein mit der typischen Uwe-Bein-Strafe: Er sprach eine Woche nicht mit dem Keeper. Wenn man Gründels Spruch glauben darf, gab es dafür ohnehin wenig Gelegenheit. Doch stimmt der auch?

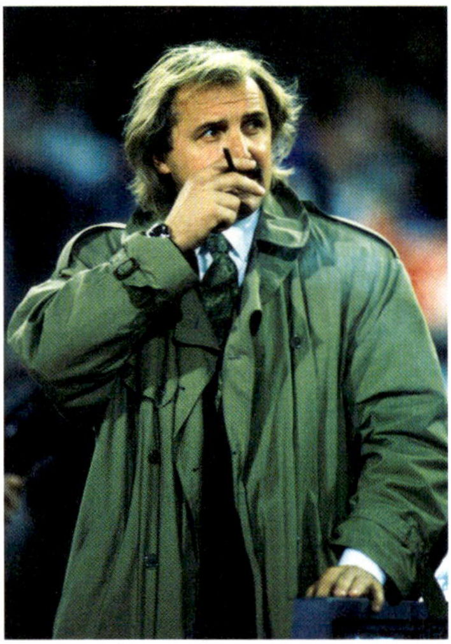

Dragoslav Stepanović wusste immer um den hohen Stellenwert von Uwe Bein.

Uwe Bein, Weltmeister von 1990 (er bestritt drei Vorrundenspiele und das Viertelfinale, bevor eine Verletzung weitere Einsätze verhinderte), war am Ende der Saison 91/92

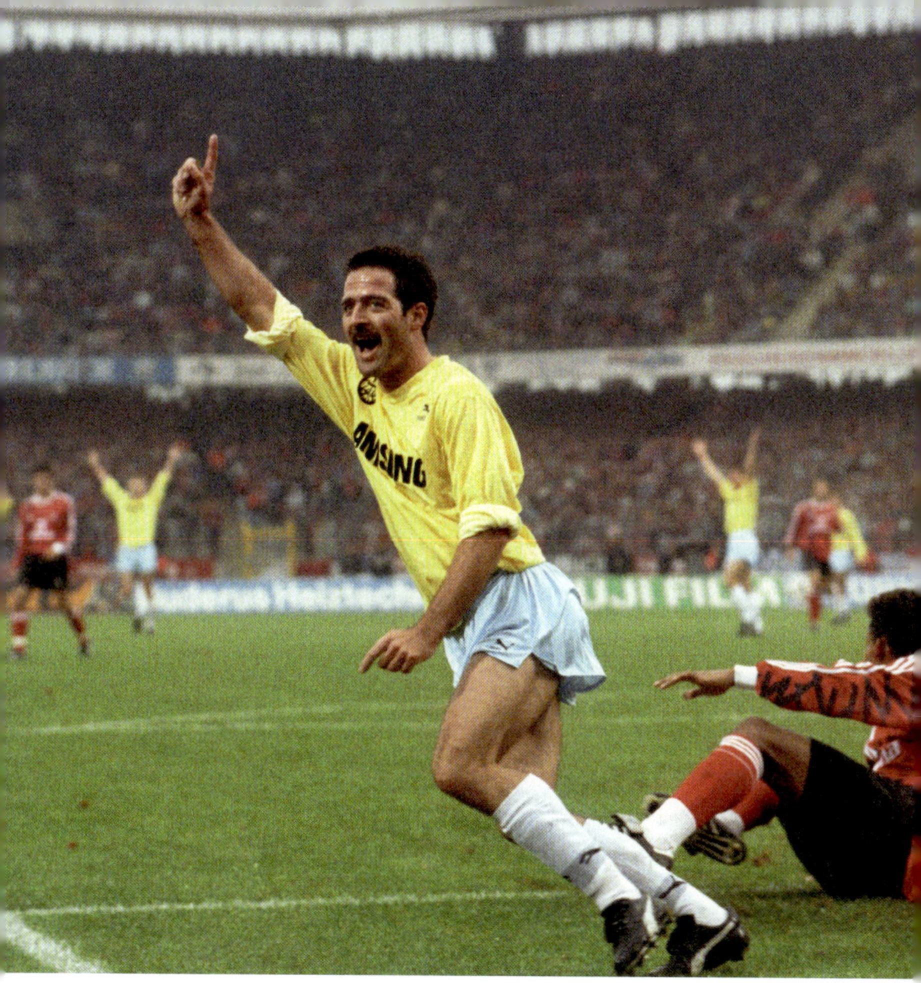

Für besondere Mittelfeldstrategen wie Uwe Bein wurde der Begriff „tödlicher Pass“ erfunden.

verletzt. Eine Knochenhautentzündung am Spann ist eine für Fußballer fiese Verletzung, Schonung das einzige Heilmittel. Und so ließ Stepi seinen genialen Spielmacher Fahrradfahren oder von den Masseuren fitmachen, um ihn erst einzusetzen, wenn es „ans Eingemachte“ ging. Vom Chefcoach angeordnetes Sondertraining statt vermeintlicher Faulheit waren also die Gründe für das wiederholt späte Eingreifen ins Mannschaftstraining durch Uwe Bein, dem laut Magazin 11 Freunde „besten 10er seiner Generation“.

AHA!

Schieß! Schieß! Schieß! Schieß! Schieß! Schieß!

Reich, Schmidt, Bilić, Kahn, Bein, Okocha. Nun sollte das Rätsel gelöst sein. Diese sechs Herren befanden sich im Strafraum der Karlsruher Gäste im Frankfurter Waldstadion am 31. August 1993. Ein Dienstagabend im Spätsommer. Die Eintracht war vor diesem 5. Spieltag Tabellenführer und hatte am Samstag zuvor in Nürnberg eindrucksvoll mit 5:1 gewonnen. Anthony Yeboah war auf dem Weg zur Legende – und Uwe Bein in Bestform.

Doch gegen sperrige Karlsruher tut sich die Eintracht schwer. Und als „Euro-Eddy" Edgar Schmidt in der 66. Minute den Ausgleich für den KSC schießt, entscheidet sich Klaus Toppmöller für Jugend statt Routine. Augustine „Jay-Jay" Okocha, gut zwei Wochen zuvor 20 Jahre jung geworden, ersetzt den 31-jährigen Routinier Jan Furtok. Elf Minuten später erzielt Uwe Bein das 2:1 für die SGE, was wütende Angriffe der Karlsruher zur Folge hat. Kurz vor Schluss ein Konter der Eintracht. Uwe Bein nimmt den Ball an der Strafraumgrenze auf. Der junge Oliver Kahn kommt aus seinem Tor. Bein zieht

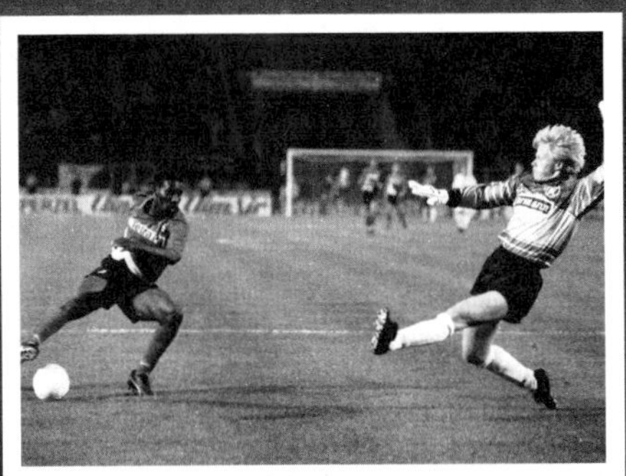

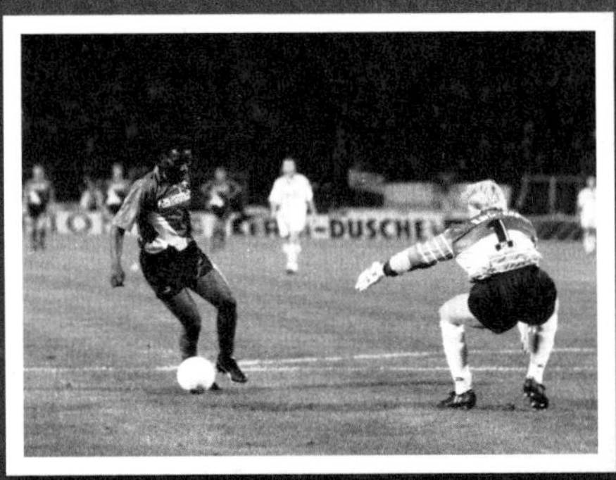

kurz nach außen. Kahn spiegelt Beins Bewegung, stellt sich auf. Bein dreht sich mit dem Rücken zu Tor und Torhüter und chippt den Ball kurz zurück zu Jay-Jay Okocha. Was in den folgenden zehn Sekunden geschieht, ist mit Worten kaum zu fassen. Bein, der selbst unmittelbar daneben steht, hüpft, zieht nach innen, bietet sich erneut an, bleibt aber bis zum Schluss Beobachter, Augenzeuge eines Jahrhunderttors. Klaus Toppmöller verriet später, dass er Okocha nie wieder aufgeboten hätte, wäre die Kugel nicht ins Tor gegangen. Toppmöller schreit: „Schieß". Insgesamt neun Mal!

Vorerst unerhört. Okocha legt sich den Ball von rechts auf links, lässt Oli Kahn ins Leere grätschen, zieht zum Elfmeterpunkt, tänzelt, bis Oliver Kahn sich wieder aufrappelt und zurückkehrt, zwischen die Pfosten. Die Karlsruher Innenverteidiger bilden eine bewegliche Wand. Sie grätschen. Bleiben im Rasen hängen. Fallen wie im Meer wackelnde Bojen auseinander. Okocha tanzt auf dem Elfmeterpunkt. Und als der eifrige Dirk Schuster als weitere Hilfskraft die Strafraumkante erreicht, sich Oli Kahn sprungbereit federnd in die Knie drückt, zieht Okocha ab. Aus der Mitte in die Mitte. Der Rest ist Jubel. Auf der einen Seite. Maßlose Frustration auf der anderen. Und irgendwo aus dem Stadionrund echot noch ein letztes „Schieß".

Jay-Jay Okocha ließ Oliver Kahn im Tor der Karlsruher grätschen, lauern, hechten – und schließlich verzweifeln.

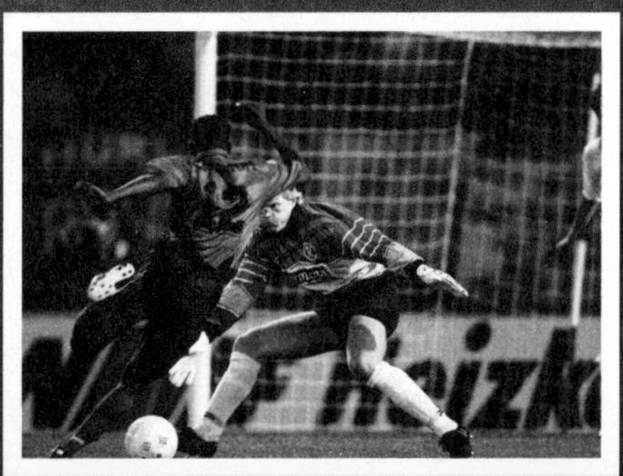

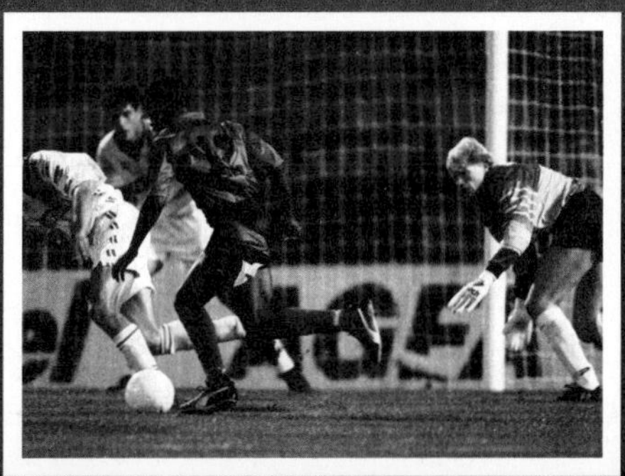

Vier sind einer zuviel

Die Partie Eintracht Frankfurt gegen Bayern München ist niemals ein normales Bundesligaduell.

In der Saison 94/95 kam die von Giovanni Trapattoni trainierte „Weltauswahl“ ins Frankfurter Waldstadion. Die SGE hatte zu Saisonbeginn mit Jupp Heynckes einen absoluten Spitzencoach verpflichtet. Mit ihm sollte gelingen, was in den Jahren zuvor unter Stepi oder Klaus Toppmöller nicht gelingen wollte: oben angreifen! Das Team war mit Binz, Falkenmayer, Weber, Okocha, Furtok und Yeboah stark aufgestellt, mit Thomas Doll und Andreas Köpke sinnvoll verstärkt worden.

Dennoch spielte es fast immer unter seinen Möglichkeiten und war Lichtjahre entfernt von den eigenen Ansprüchen. Heynckes – das wohl größte Missverständnis der Vereinsgeschichte – wurde nach dem 24. Spieltag und einer 0:3-Heimpleite gegen Schalke entlassen. Der treue Charly Körbel ersetzte ihn und durfte die Saison „retten“. Prompt kam mit den Bayern, die unter Giovanni Trapattoni auch keine besonders gelungene Saison spielten, ein immer gefährlicher Gegner. Gleich zu Beginn gab es den ersten Dämpfer. Schupp schoss nach sechs Minuten das 1:0 für die Münchener. Zur Halbzeit stand es 2:2. Direkt nach Wiederanpfiff gingen die Bayern erneut in Führung. Doch dann geschah etwas, was in heutiger Zeit undenkbar scheint. Markus Hörwick, Pressesprecher der Bayern und auf der Haupttribüne sitzend, sah das Unheil kommen. Die Regeln sahen zu jener Zeit vor, dass maximal drei Vertragsamateure zum Einsatz kommen durften. Die Bayern hatten in Reservekeeper Scheuer, den Spielern Kuffour und Grimm bereits drei auf dem Platz. Als in der 72. Minute Dietmar Hamann für Witeczek kommen sollte, sprang Hörwick auf. Ohne Mobiltelefone oder andere Selbstverständlichkeiten des späteren, digitalen Zeitalters gab es nur den persönlichen Gang, um eine Nachricht zu übermitteln. Leider war der Weg zu weit oder Hörwick zu langsam. Als er im Innenraum erschien, kickte Hamann schon auf dem

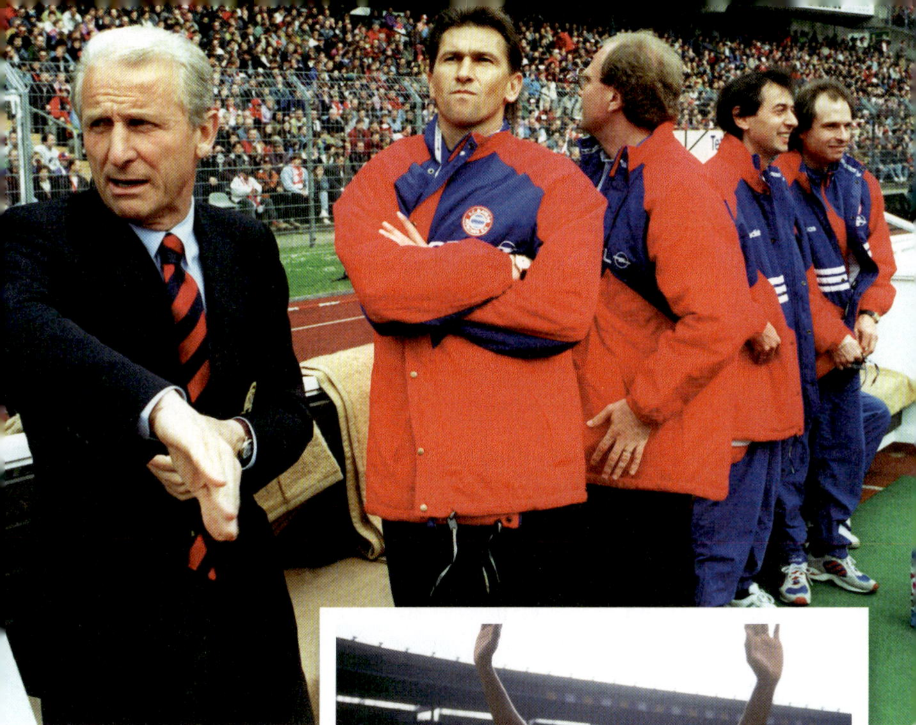

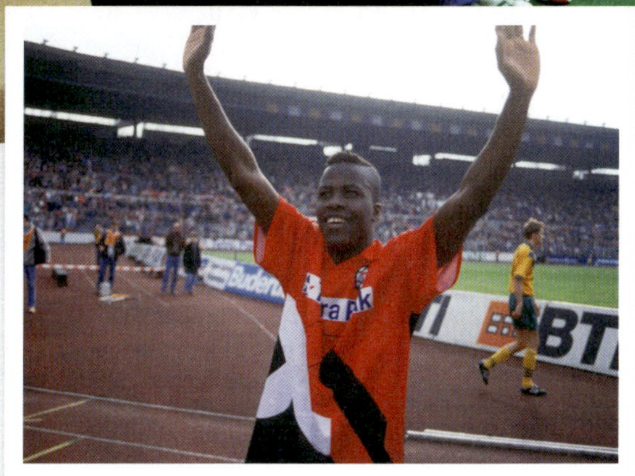

Samy Kuffour jubelt nach dem Schlusspfiff noch über den vermeintlichen Sieg, die Bayern-Bank mit Giovanni Trapattoni (l.) ahnt vielleicht schon Böses.

Feld. Der clevere Bernd Hölzenbein hatte es derweil schon verstanden und konnte so auch die beiden weiteren Tore der Bayern zum 5:2 Sieg verschmerzen. Der DFB annullierte die Begegnung und trug ein 2:0 für die SGE ein. Punkte, die im Abstiegskampf extrem wichtig waren. Punkte, die den Bayern später zum Einzug ins internationale Geschäft fehlten ...

Rot-schwarz-weiße Zahlenspiele

20

erzielte Tore machten Anthony Yeboah in der Saison 1992/93 zum Torschützenkönig der Bundesliga.

38

Jahre, 8 Monate und 17 Tage war Richard Kreß alt, als er am 23. November 1963 gegen 1860 München zum finalen 5:2 traf, als bis heute ältester Torschütze der SGE in der Bundesliga.

9

zu eins lautet der bis heute höchste Bundesligasieg der SGE. Erzielt am 5. November 1974 gegen Rot-Weiss Essen.

160

Tore gelangen Bernd Hölzenbein in der Bundesliga, damit ist er der Frankfurter Rekordtorschütze.

3.000

Zuschauer verloren sich im Waldstadion am 2. November 1977 beim UEFA-Cup-Rückspiel gegen den FC Zürich (4:3) – bis heute die absolute Minuskulisse in einer internationalen Partie.

750

Fanclubs mit insgesamt rund 50.000 Mitgliedern (Stand: Dezember 2021) fiebern mit der SGE.

5

Tore in einem Bundesligaspiel, das gelang im Frankfurter Trikot nur Luka Jović. Erzielt beim 7:1-Heimerfolg gegen Fortuna Düsseldorf am 19. Oktober 2018.

602

Spiele in der Bundesliga machten ihn zur Legende. Charly Körbel wird damit wohl auf ewig deutscher Rekordhalter sein.

96.000

Vereinsmitglieder zählte die Eintracht laut Vereinspräsidium im Dezember 2021.

9

zu Null endete der höchste Frankfurter Sieg im UEFA-Cup. Der Gegner am 30. September 1992: Widzew Łódź.

51.500

Zuschauer passen in den Deutsche Bank Park.

AHA!

Vom TV-Studio ins Gefängnis

„Die Sonne scheint bei Tag und Nacht – Maurizio Gaudino“: So oder so ähnlich besangen die Fans der Eintracht im Herbst 1994 ihren Mittelfeldstar. Gemeinsam mit Okocha und Yeboah sollte er unter dem Star-Trainer Jupp Heynckes endlich den Titel an den Main holen. Doch dann saß der Sohn italienischer Gastarbeiter kurz vor Weihnachten in München plötzlich Staatsanwaltschaft und Polizei gegenüber, die ihn wegen schweren Versicherungsbetruges und möglicher Bandenhehlerei vernehmen sollten. Verhaftet worden war er kinoreif direkt nach einem Auftritt bei Thomas Gottschalks RTL-Late-Night-Show. Zeit für den TV-Auftritt hatte Gaudino, weil er wenige Tage zuvor in Frankfurt von Jupp Heynckes wegen angeblicher Arbeitsverweigerung vor die Tür gesetzt worden war.

Der Mann, dem damals ein Jahresgehalt von 800.000 DM zugerechnet wurde, soll im großen Stil Luxus-Pkws nach Italien gebracht und dann als gestohlen gemeldet haben. Einerseits zahlte die Versicherung, andererseits gab es Geld durch den Verkauf von Ferrari, Mercedes, Porsche & Co. Auch wenn es unter anderem um Autos im Wert von bis zu 200.000 DM ging, fragten sich die Richter schon, weshalb ein Fußballprofi mit entsprechendem Einkommen dies nötig hatte ...

Gaudino, der am Waldhof in Mannheim seine Profi-Karriere begann und somit die härteste der Profischulen absolvierte, fiel schon bei sei-

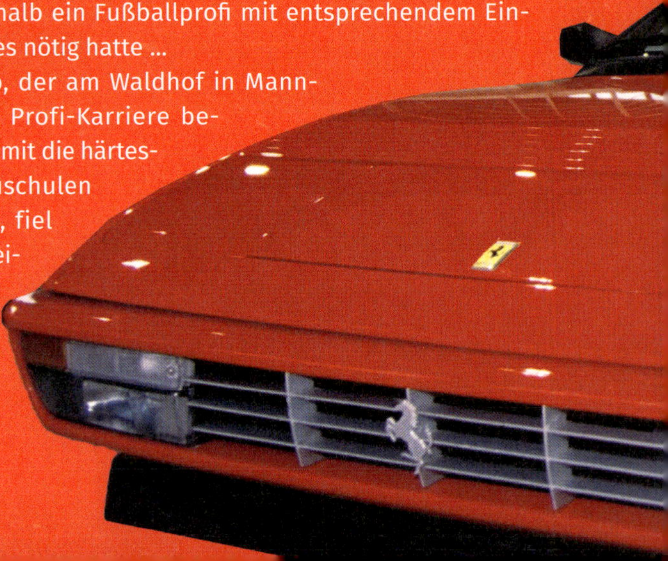

nem ersten Einsatz in der Bundesliga auf. Mit 17 Jahren und 271 Tagen ist er bis heute (Dezember 2021) der jüngste Spieler, der mit einer Roten Karte bedacht wurde. Im ersten Spiel, wohlgemerkt. Sein exzentrisches Auftreten war meist begleitet von überdurchschnittlichen Leistungen. Letztere ließen schließlich rapide nach: Einer Ausleihe ab Januar 1995 zu Manchester City folgte ein Jahr Mexiko, danach der FC Basel, der VfL Bochum und Antalyaspor.

1996 wurde Gaudino, unter Berti Vogts immerhin WM-Teilnehmer von 1994 (wenn auch ohne Einsatz), zu drei Jahren auf Bewährung und 180.000 DM Geldstrafe verurteilt.

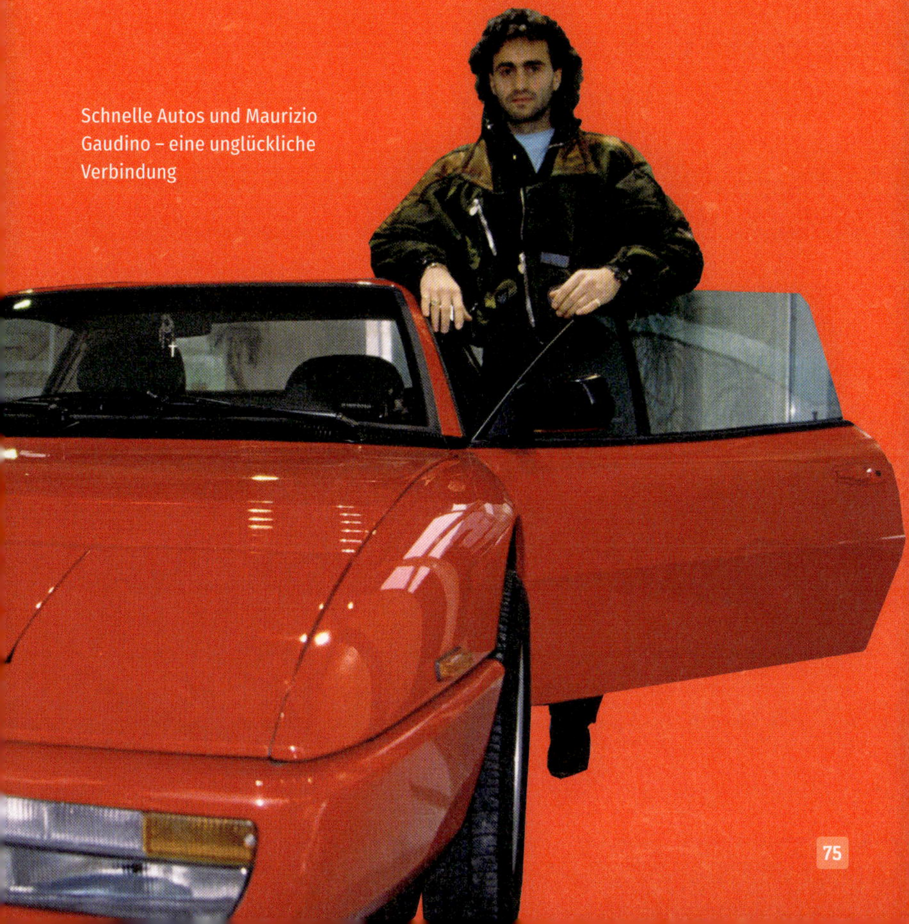

Schnelle Autos und Maurizio Gaudino – eine unglückliche Verbindung

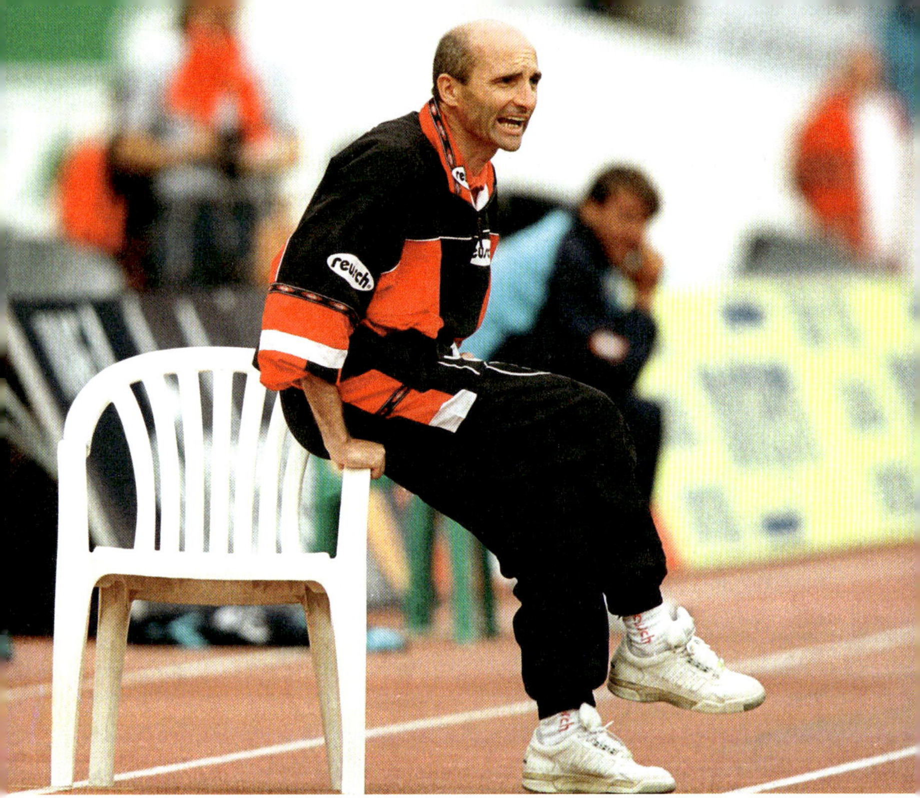

Plastik-Power: Horst Ehrmanntraut

Vom Baumarkt ins Museum oder: der Kauz aus Einöd

Wer in Einöd geboren ist, darf gewiss sein ganzes Leben mit diesbezüglichen Sprüchen leben. Horst Ehrmanntraut gab das seinige hinzu, um als einer der kauzigsten Trainer in die Bundesligageschichte einzugehen.

Aus dem kleinen und fußballerisch selten bedeutenden Saarland kommend, wechselte der Fußballer Ehrmanntraut 1979 vom FC Homburg/Saar an den Main. Mit der Eintracht holte er auf dem Platz, als Spieler in beiden Endspielen, den UEFA-Cup nach Frankfurt. Was dazu führte, dass er schon nach einem Jahr dem Ruf der Hertha und vor allem seines ehemaligen Trainers Uwe Klimaschewski folgte und nach Berlin wechselte.

Dort begann Ehrmanntraut auch seine Trainerkarriere, die ihn nach wenigen Jahren von der Hauptstadt in die Provinz nach Meppen brachte, wo er mit dem SV wahre Wunder schaffte. Die Emsländer wurden zur festen Größe in Liga 2 und die Augen richteten sich auf den kleinen Mann aus Einöd.

In Frankfurt trug man Mitte der 90er Jahre noch schwer am Erbe, das Jupp Heynckes hinterlassen hatte. Nach dem „Fußball 2000“ mit der Beinahe-Meisterschaft unter Stepi oder Toppmöllers „Bye, bye Bayern“ Spruch stand 1996 der erste Abstieg der Vereinsgeschichte. Als die SGE sich zum Hinrunden-Ende nur auf Platz 14 befand, zog die Vereinsführung die Reißleine und verpflichtete den Kauz aus Einöd – erstmal mit dem Ziel Klassenerhalt. Was ihm ebenso gelang wie die Rückkehr in Liga 1 in der Folgesaison. Mit nur vier Saisonniederlagen stieg man als unangefochtene Nummer 1 auf. Dabei traten Mannschaft und vor allem Trainer von Anbeginn bewusst als Team auf. Spieler wie Petar Hubtschev, Thomas Epp oder Thomas Zampach passten gut zu der in Liga 2 gefragten Kämpfermentalität.

Sinnbild war aber auch der Trainer. Ehrmanntraut holte sich einen Plastikstuhl aus dem Baumarkt, von dem aus er am Spielfeldrand ungestört das Geschehen verfolgte. Der Stuhl hat heute seinen Ehrenplatz im Museum der Eintracht unterhalb der Arena.

Das Symbol wurde von Ehrmanntraut bewusst gesetzt. Einerseits sagte er, dass er sich auf diesem Platz besser habe konzentrieren können als auf der Trainerbank. Andererseits erzählte er auch, dass es ihm wichtig war, dieses Symbol der Bescheidenheit in der Stadt der Geldinstitute und der Börse zu setzen, um jedem im Umfeld der SGE klar zu machen, wo man aktuell stand. Als „Krücke“, um wieder nach oben zu kommen, hat es nicht geschadet. Leider reichte der weiße Plastikstuhl nicht aus, um auch oben zu bleiben. In der Folgesaison musste Ehrmanntraut den Stuhl räumen. Am Ende rettete Jörg Berger die Eintracht.

Als Fjørtoft den Netzer machte

Den Norweger Jan Åge Fjørtoft verbinden die Fans der Frankfurter Eintracht vor allem mit einem Übersteiger, einem danach erzielten Tor und dem damit verbundenen Klassenerhalt 1999. Heute wissen wir, dass der Mann auch für reichlich gute Sprüche, guten Humor und für noch mehr historische Taten verantwortlich zeichnet.

In der Saison 1998/99 hatte die SGE insgesamt vier Trainer. Auf Ehrmanntraut folgte Bernhard Lippert; darauf Reinhold Fanz und zum Glück am Ende Jörg Berger.

Fjørtoft, der in der Winterpause vom FC Barnsley aus England gekommen war, hatte seinen ersten Einsatz unter Fanz beim ersten Heimspiel der Rückrunde am 27. Februar 1999 gegen Gladbach. Fanz nahm den neuen Stürmer zur Halbzeit raus und setzte ihn gleich beim nächsten Spiel wieder auf die Bank. Chen Yang erhielt auch in den folgenden Spielen den Vorzug vor Fjørtoft, dem schließlich am 24. Spieltag im Heimspiel gegen den VfL Bochum die Angelegenheit mehr und mehr gegen den Strich ging. Erst recht, als Fanz ihn, der sich bereits unmittelbar vor der Bank und für den Trainer deutlich sichtbar warm machte und für einen Wechsel anbot – Chen Yang hatte sich bereits nach fünf Minuten verletzt –, erneut nicht berücksichtigte. Für Yang kam der junge Stefan Zinnow, ein 18-jähriger Bundesligadebütant. Im Abstiegskampf! Es muss in dem heißblütigen Norweger gekocht haben.

Als es Anfang der zweiten Halbzeit zu einem Elfmeter für Bochum kam, er vom Trainer immer noch ignoriert wurde, nahm Fjørtoft die Parade Nikolovs zum Anlass, sich verstärkt für eine Einwechslung anzubieten. Er zog vor den Augen des Trainers seinen Trainingsanzug aus und bereitete sich direkt am Spielfeldrand für einen möglichen Wechsel vor.

Das provokante Aufwärmen hatte Erfolg. Fanz nahm Zinnow wieder vom Feld und brachte den bereitstehenden Fjørtoft in der

66. Spielminute. Dieser „dankte“ es seinem Trainer mit dem 1:0 Siegtreffer.

Doch anstelle von den Vereinsbossen bejubelt zu werden, wurde Jan Åge Fjørtoft zum Vorstand zitiert und zu einer Geldstrafe von 40.000 DM verurteilt. Die jedoch nie vollstreckt werden sollte. Denn Fanz wurde kurz darauf entlassen, durch Jörg Berger ersetzt und der Rest ist beste Vereinsgeschichte.

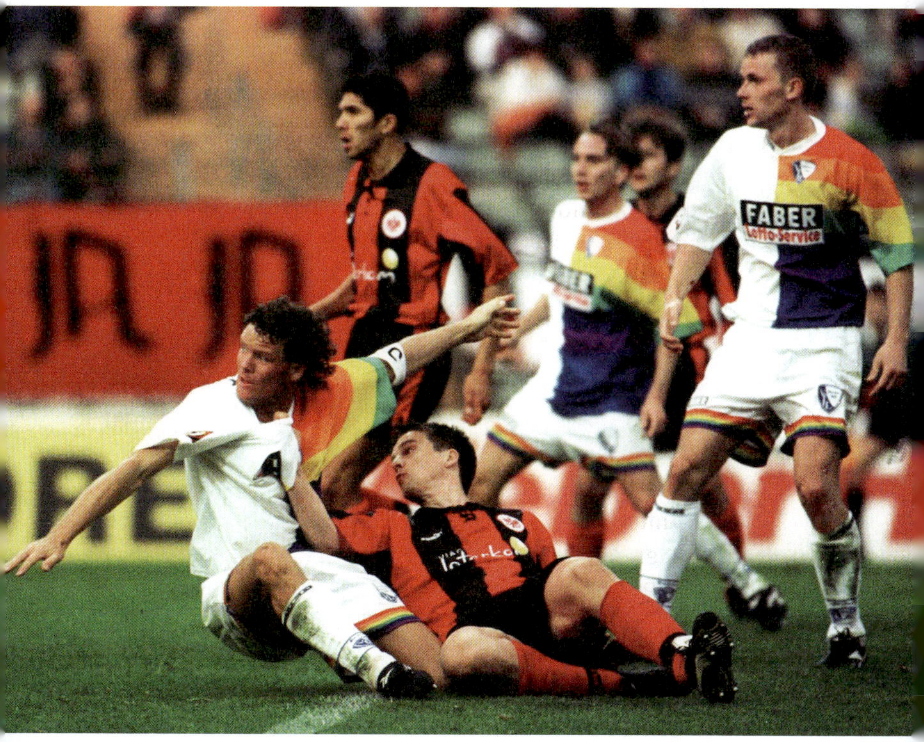

Alle Blicke Richtung Tor: Gerade erzielt Fjørtoft das 1:0 gegen den VfL Bochum.

Norwegischer Übersteiger

Ein Fußballverein wird in der Regel an seinen größten Erfolgen gemessen. Die Anzahl der Meistertitel. Die Pokalsiege. Internationale Erfolge. Doch für einen der größten Erfolge der Vereinsgeschichte gibt es keinen Titel. Ein 15. Platz im Sommer 1999 am letzten Spieltag der Saison klingt auch nicht danach. Jörg Berger hieß der Trainer, der das Wunder vollbrachte.

Am 30. Spieltag lag die SGE sechs Punkte vom rettenden 15. Tabellenplatz entfernt. Vor Anpfiff des letzten Spieltags hatte Rostock als Fünfzehnter noch einen Punkt, Freiburg und Stuttgart gleich zwei Punkte mehr auf dem Konto. Nürnberg konnte sich bei drei Punkten Vorsprung und einem Torverhältnis von -9 (zu -15 der Eintracht) schon vermeintlich sicher auf die nächste Erstligasaison einstellen. Bis zur Halbzeit des finalen Spieltags sah es nicht gut für die SGE aus: 0:0 gegen Kaiserslautern. Rostock führte in Bochum und Freiburg in Nürnberg. Stuttgart lag durch ein frühes Tor mit 1:0 gegen Werder Bremen im grünen Bereich. Die Eintracht brauchte Hilfe – und einen eigenen Sieg.

Da passte es, dass Chen Yang direkt nach Wiederanpfiff die Führung erzielte. Doch trotz allen Drucks wollte – vorerst – kein weiteres Tor fallen. Im Gegenteil. In der 68. Minute stellte der Tabellenvierte aus der Pfalz auf 1:1. Noch 20 Minuten Zeit für ein Wunder. Thomas Sobotzik wollte es erwirken und erzielte in der 70. die erneute Führung für die Adler. Parallel fielen in Bochum schnelle Tore. Rostock lag plötzlich 2:1 hinten. Hoffnung. Frankfurt war mit 37 Punkten vor Hansa (35). Auch der prompte Ausgleich beließ es beim momentanen Klassenverbleib der Eintracht. Zumal Marco Gebhart auf 3:1 erhöhte. Nun war auch Nürnberg in Gefahr, sollte Rostock zurückkommen. Bernd Schneider erhöhte auf 4:1, Frankfurt war an Rostock und Nürnberg vorbeigezogen. Um 17:12 hieß es Tor in Bochum. Rostock führte erneut, Frankfurt maß sich nun mit den Franken. Dort erzielte Marek Nikl kurz vor dem Ende den Anschlusstreffer zum 1:2 gegen den SC Freiburg. Frankfurt fehlte ein Tor. Ein weiterer Treffer – so es in Nürnberg keine Veränderung des Ergebnisses mehr geben sollte –, und das Wunder wäre perfekt gewesen.

Christoph Westerthaler machte sich auf den Weg in Richtung Lautern-Keeper Andreas Reinke. Gerade eingewechselt, hatte er die Kraft, alleine durchzubrechen. In der Mitte der gegnerischen Hälfte wurde er bedrängt, konnte aber den Ball noch mühsam dem mit großen Schritten anlaufenden Jan Åge Fjørtoft zuspielen. Was dann geschah, wird niemand vergessen, der vor Ort oder am Bildschirm oder am Radio war. Fjørtoft drang mit dem Ball am Fuß in den Lauterer Strafraum ein, machte einen Übersteiger und schoss den Ball an dem herauskommenden Keeper ins Tor. 5:1!!! Fjørtoft lief wie nie zuvor und nie danach die Linie entlang zu Jörg Berger. Dem Wundermacher, der laut Fjørtoft auch die Titanic gerettet hätte. Das Spiel endete und in der Schlusskonferenz der ARD hörte man einen völlig konsternierten Günter Koch aus Nürnberg. „Ich melde mich vom Abgrund!" Freiburgs Trainer Willi Reimann, der vor dem Spiel noch heiter in die Runde winkte, war nicht minder niedergeschlagen. Das unwahrscheinlichste Ende war eingetreten. Nürnberg stieg ab und die Eintracht hatte es ein weiteres Mal ihrem unbändigen Willen, der nicht aufgeben wollenden Fangemeinde und einem norwegischen Übersteiger zu verdanken, dass sie weiterhin erstklassig blieb!

Fjørtoft und der Moment des Übersteigers beim 5:1 gegen den 1. FC Kaiserslautern

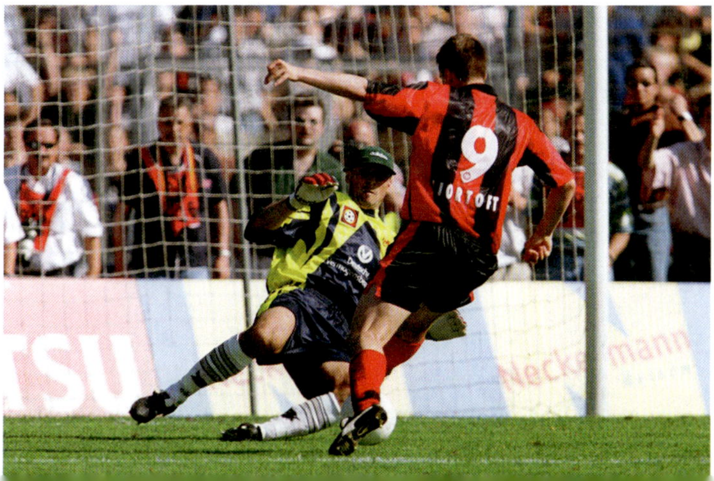

Misserfolg im Container

Felix Magath, Rolf Dohmen, Friedel Rausch, Martin Andermatt und Armin Kraaz hießen die Trainer der SGE in den beiden Jahren, bevor Willi Reimann 2002 den Verein in Liga 2 übernahm. Kontinuität oder gar Erfolg waren nicht vorhanden. Dennoch gelang ihm in einem spannenden Saisonverlauf das „Projekt Wiederaufstieg". Das historische 6:3 am letzten Spieltag gegen den SSV Reutlingen mit dem alles entscheidenden Siegtreffer vom Kapitän Alex Schur bleibt ebenso in bester Erinnerung, wie der bierduschende Willi Reimann. Bilder, die man dem in der niedersächsischen Provinz geborenen Ex-Stürmer des HSV so nicht zugedacht hätte.

Ebensowenig wie den Ausbruch und dessen Folgen im darauffolgenden Erstligajahr. In einer von Beginn an schwierigen Spielzeit war Platz 18 zum Ende der Hinrunde der vorläufige Tiefpunkt. Doch sieben Spieltage weiter und mit einer sichtbar verbesserten Moral, erreichte die SGE mit Platz 13 ihre beste Saisonplatzierung. In Dortmund wollte man diesen Aufschwung bestätigen. Kurz vor dem Pausenpfiff jedoch musste Henning Bürger nach der zweiten Gelben Karte vom Platz, was Willi Reimann vom spröden Niedersachsen zum heißblütigen Ehrenhessen werden ließ. Der Rumpelstilzchen-Tanz an der Seitenlinie, ein heftiges Bedrängen und Schubsen des Vierten Offiziellen führte im Nachgang zur bis dahin härtesten Strafe, die je ein Trainer in der Bundesliga erhielt. Fünf Spiele Innenraumverbot und 25.000 Euro Geldstrafe. Auch wenn sich Reimann etwas einfallen ließ, die damalige Baustelle Waldstadion vermeintlich bestmöglich zu nutzen suchte, so gingen die nächsten vier Spiele allesamt verloren und die SGE stürzte wieder in Richtung Liga 2. Wo sie nach nur noch zwei gewonnenen bei sieben verlorenen am Ende auch landete.

Das Sinnbild der Fahrstuhlsaison lieferte Reimann. Hatte er im Jahr zuvor noch den überdimensionierten Bierkrug im Arm gehalten, so sah man ihn nun auf der ehemaligen Haupttribüne des alten Waldstadions in einem Baucontainer sitzen. „Container-Willi“ sah dabei eher wie der Hausmeister oder ein Mitarbeiter des Sicherheitsdienstes aus als der Erfolgstrainer, den die SGE gebraucht hätte.

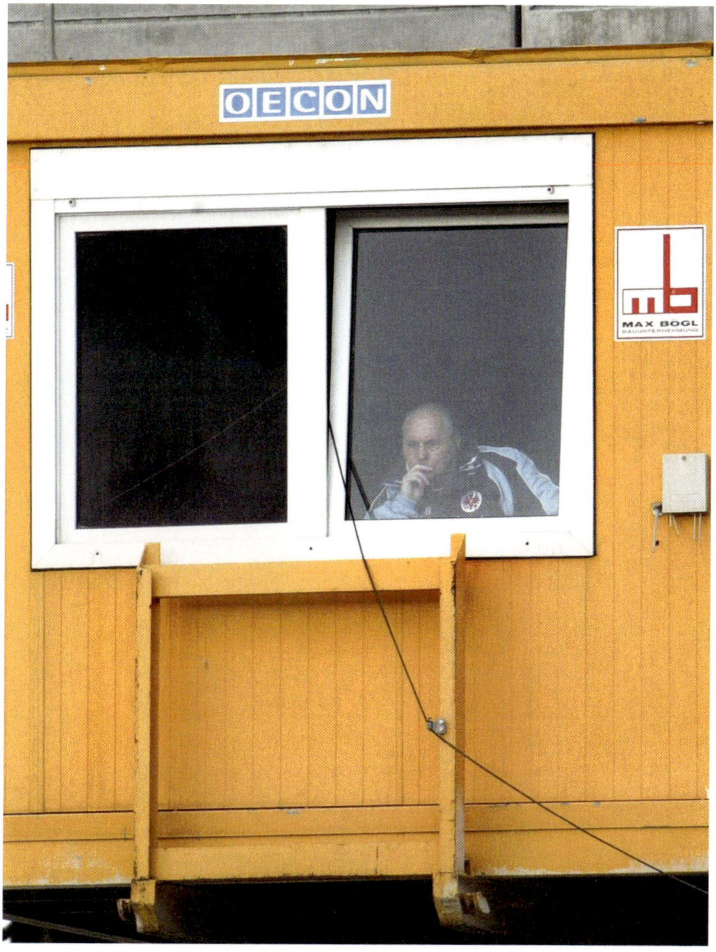

Zeit zum Nachdenken in ungewohnter Umgebung: Willi Reimann

AHA!

Keine besten Freunde

Die Otto-Fleck-Schneise, wo der Deutsche Fußball Bund sein Hauptquartier hat, liegt in Rufweite zum Frankfurter Waldstadion, nur wenige Schritte entfernt. Wer beim DFB arbeitet, Eintracht-Fan ist und einen festen Parkplatz sein Eigen nennt, der kann sich bei Heimspielen der SGE glücklich schätzen.

Doch Nachbarn sind nicht immer beste Freunde. Exemplarisch hierfür eine – natürlich wahre – Anekdote aus der Historie der SGE und der unendlich langen Liste der Auseinandersetzungen mit dem Verband.

Im Oktober 2002 erfuhren die Fans der Frankfurter Eintracht von einer Aktion der Fans von Union Berlin. Um die Alte Försterei, das traditionsreiche Stadion in Köpenick, zu retten, versteigerten sie einen Platz auf der Reservebank. Für das Spiel gegen – Eintracht Frankfurt.

„Da simmer dabei". Die Frankfurter Fans fanden sogleich Gefallen an der Aktion. Schließlich könnte man ja einen „von uns" dort platzieren.

Also sammelten sie und steigerten mit. Vor allem gegen einen wahrhaft hartnäckigen Fan aus Prag. Am Ende erhielt die Frankfurter Fangemeinde den Zuschlag für 2096,52 Euro. Und sie entschieden sich, den vielleicht prominentesten Anhänger aus ihren Reihen dorthin zu setzen, wo sich sonst nur Trainer Willi Reimann mit Gefolge aufhalten durfte: Berti „Adi" Adelmann.

Adelmann ist ein Unikat. Das fehlende Haupthaar wird durch unzählige Tattoos am gesamten Körper kompensiert. Diesen wiederum zeigt Berti liebend gerne. Auch ohne Anlass und stets vollständig. Dass er das Leben gerne mit alkoholischen Getränken schöner macht, als es vielleicht scheinen mag, ist allgemein bekannt. Auf jeden Fall traf es mit Adelmann als Auserwählten den richtigen. So dachten die Fans.

Der DFB hatte jedoch andere Vorstellungen. Irgendein Funktionär holte einen staubigen Ordner mit Ge- und vor allem Verboten hervor. Auf der Reservebank dürfen nur Personen mit bestimmten oder gar besonderen Aufgaben Platz nehmen. Funktionsträger. Das Kapitel „Humor" fehlt offenkundig in den Vorschriften.

Doch ein Frankfurter lässt sich hiervon nicht abschrecken. Die Fans fanden heraus, dass Sanitäter zum Funktionspersonal gehören und am Spielfeldrand Platz nehmen dürfen. Adelmann belegte (und bestand!) einen Erste-Hilfe-Kurs.

Die „Eisernen" aus Berlin applaudierten. Sogar der Präsident gab seine wohlwollende Zustimmung. Nicht so der DFB. Verbot blieb Verbot.

Der Zuneigung beider Fangruppen ist der positive Ausgang dieser dank des DFB vorerst misslichen Situation zu verdanken. Auf dem „kleinen Dienstweg" entschieden die Köpenicker, dass man Adi vor dem Spiel auf den Platz lassen würde. Er durfte die Aufstellung der SGE vorlesen, erwähnte Spieler wie Hölzenbein, die zwar nicht auf dem Spielberichtsbogen standen, aber Adi in bester Erinnerung gewesen sein mussten. Dann kam es zum Unvermeidlichen. Adi ließ sich feiern und die Hosen runter.

Später zeigten sich die Fans von Union ein weiteres Mal von ihrer besten Seite, als sie die Spende ausschlugen, denn letztlich konnte der Wetteinsatz ja nicht eingelöst werden. Die Frankfurter gaben sich ebenso vorbildlich, indem sie die Summe hälftig an eine Behindertenschule in Köpenick und die Kinderkrebshilfe in Frankfurt übergaben.

Nur beim DFB verhält man sich weiterhin wie der von James Krüss erdachte Timm Thaler und sucht nach seinem Lachen.

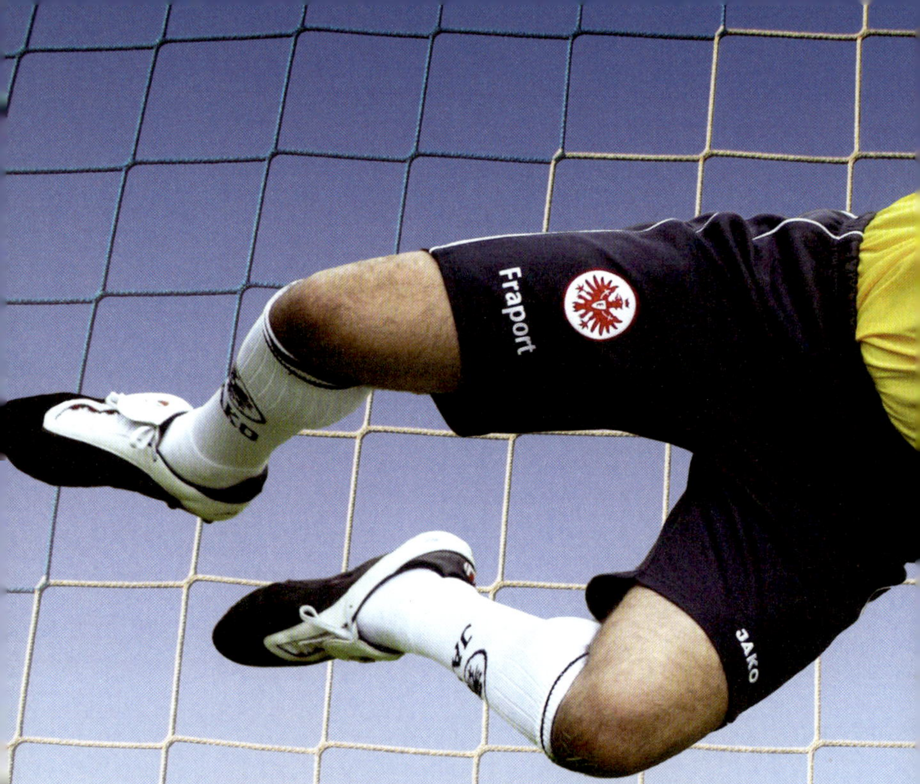

Kaltstart im Schlauchboot

Der Stammkeeper der Eintracht in der Saison 2007/2008 hieß Markus Pröll. Er machte einen exzellenten Job und freute sich gewiss, dies auch in der Münchener Allianz-Arena unter Beweis stellen zu können. Eine fiebrige Erkältung am Morgen des 3. November 2007 zwang ihn jedoch, im Bett zu bleiben. So musste der „ewige Oka", Oka Nikolov, für Pröll einspringen. Dafür war er da. Darauf sollte ein Reservekeeper vorbereitet sein.

Nikolov war bereit, auch wenn er bestimmt am Vormittag noch nicht wusste, dass der Nachmittag dieses tristen Herbsttages ihn zum Helden machen würde.

Friedhelm Funkel, bekannt für seine kompromisslosen Ansagen, ließ den buchstäblichen Beton anrühren. Extrem defensiv galt es, einen Punkt zu entführen. Indem kein Tor der Bayern zugelassen werden sollte.

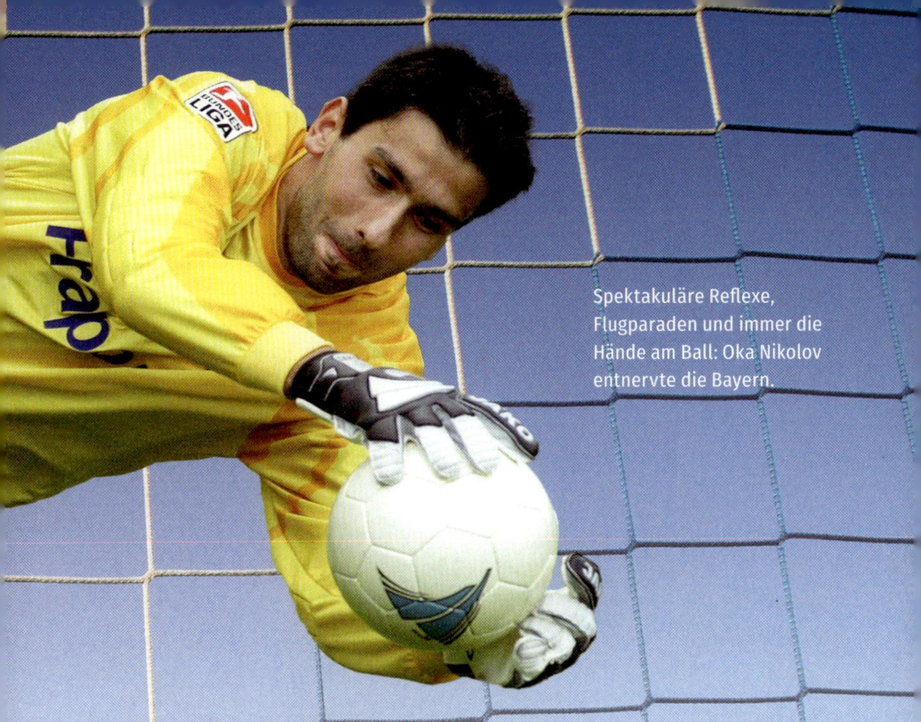

Spektakuläre Reflexe, Flugparaden und immer die Hände am Ball: Oka Nikolov entnervte die Bayern.

Doch gleich nach 10 Sekunden (!) köpfte Luca Toni auf das Frankfurter Tor. Was keiner in der im Volksmund „Schlauchboot" genannten Arena ahnte: Die erste Glanzparade des in Erbach im Odenwald geborenen Mazedoniers sollte nicht seine letzte sein. Um die 80 Ballaktionen und 90 Minuten später hielt die SGE hinten die Null und Oka Nikolov jeden Ball, der auf sein Tor kam.

„Einbahnstraßenfußball" nannte der Kicker das Anrennen der Bayern um Ribery, Klose, Schweinsteiger und Podolski. Mehr Offensive ging nicht. Mehr Nikolov brauchte es nicht. Am Ende zählten die Statistiker 38 Torschüsse und 34 Flanken der Bayern. Im Grunde hatte der Frankfurter Keeper in jeder Spielminute die Hände, ein Bein, den Körper, etc. am Ball.

Spieler des Spiels. Kicker-Note 1! Mannschaft des Tages.

Auszeichnungen für einen unvergesslichen Moment. Ein Augenblick, der schnell vorbei war. Denn eine Woche später saß Nikolov wieder auf seinem eigentlichen Stammplatz: der Reservebank. Im Spiel gegen die Borussia aus Dortmund hütete der genesene Markus Pröll das Frankfurter Tor. Endstand dieses Spiels: 1:1. Kicker-Note für den Frankfurter Keeper: 1.

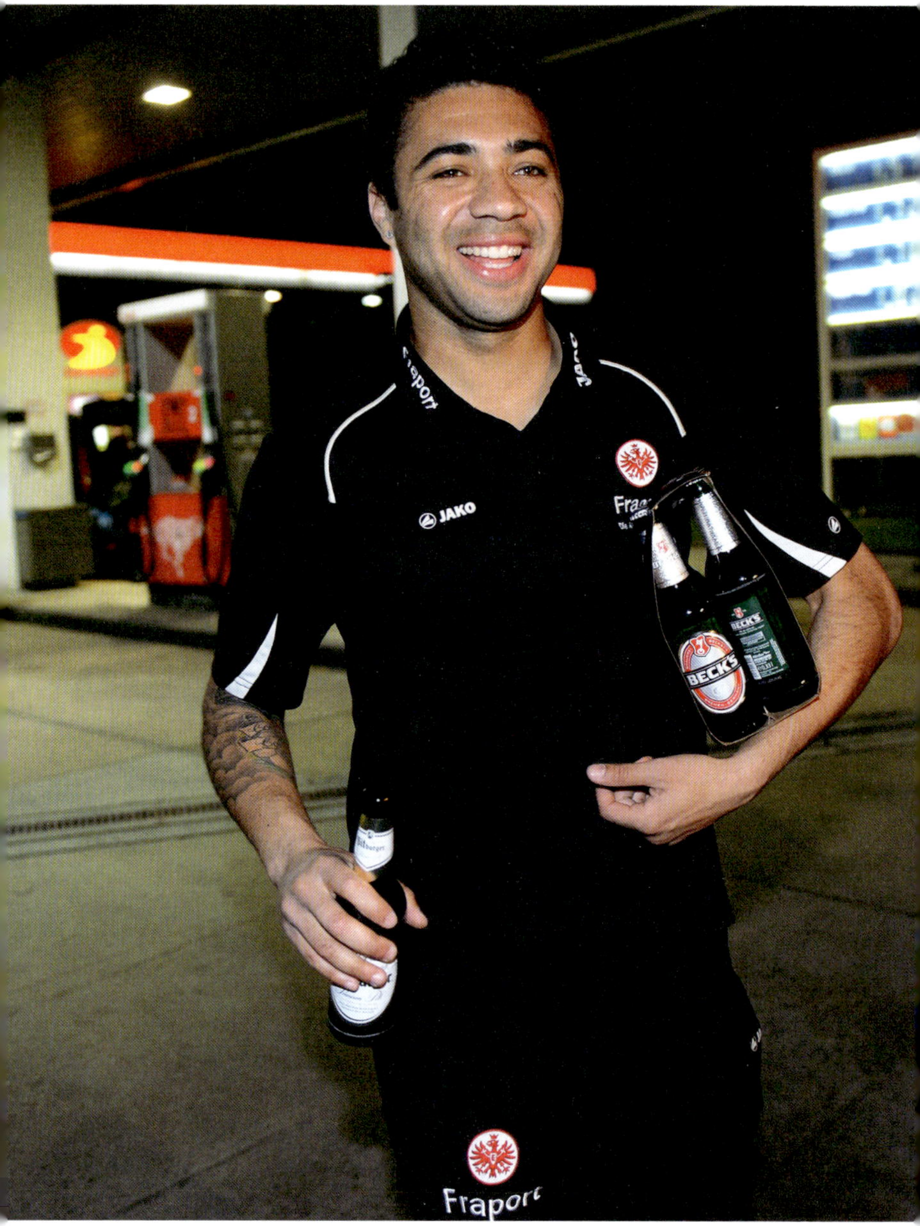
Fraport
JAKO
BECK'S
Fraport

Allein an der Tanke

Wer einen brasilianischen Fußballer verpflichtet, der erwartet in der Regel ein Feuerwerk an Spielkunst, unberechenbare Aktionen, Traumpässe und natürlich Traumtore. Wenn der Spieler dann auch gleich einen klingenden Namen trägt, der dafür taugt, sich in die Nachfolge von Ronaldo, Dedé oder gar Pelé einzureihen, dann kann fast nichts mehr schiefgehen.

Im Januar 2008 präsentierten Heribert Bruchhagen und Friedhelm Funkel eine 21-jährige „Perle" mit dem vielversprechenden Namen Caio. Caio César Alves dos Santos, so der vollständige und nicht minder klangvolle Name, war mit 3,8 Millionen Euro der bis dato teuerste Transfer der SGE. Eine erste Last auf seinen Schultern. Die zweite brachte er an seinen Hüften mit, denn der junge Mann war alles andere als austrainiert. Als weiteres Handicap gesellte sich der deutsche Winter hinzu. Allein in der Fremde und erstmals mit Schnee konfrontiert, schien er zunächst auf dem Platz trotzdem die Sonne scheinen zu lassen. Gleich im dritten Spiel gelang ihm ein Tor. Zurückblickend war dies allerdings eine Momentaufnahme angesichts der Gesamtperformance in seiner Frankfurter Zeit.

Hinter seiner stets mangelhaften Fitness, die zum Dauerthema wurde und sich mit jedem Laktattest bestätigen sollte, steckte aber eine traurige Geschichte. Denn erst als Caio sich im Sommer 2012 verabschiedet hatte, wurde offensichtlich, dass der Verein sich nie um den Brasilianer gekümmert, den jungen Mann vielmehr gänzlich alleine gelassen hatte. Caio, der am Stadtrand Frankfurts wohnte, hatte in all der Zeit „um die Ecke" seine Einkäufe erledigt, im kleinen Shop seiner Tankstelle die Dinge des täglichen Bedarfs und die Grundlagen für seine Ernährung eingekauft.

Nicht wirklich in Frankfurt angekommen: Caio

Bruch(hagen)landung

Kein Manager hat die Eintracht im 21. Jahrhundert mehr geprägt als Heribert Bruchhagen. Er holte Trainer wie Friedhelm Funkel, die Bruchhagens Aussage, die Platzierungen in der Liga seien in Stein gemeißelt, nicht widersprechen wollten. Funkel holte viel aus der Mannschaft heraus, wenn „von oben" aber gebetsmühlenartig geäußert wird, dass „mehr" einfach nicht drin sei, dann glauben das irgendwann auch die größten Optimisten.

Dennoch, als am 5. Juni 2009 Michael Skibbe als neuer Trainer vorgestellt wurde, kam Hoffnung auf. Funkel hatte all die Jahre einen ordentlichen Job gemacht. Skibbe versprach mehr und lieferte. 46 Punkte in der ersten Saison und schon schnupperte man an Mailand, Rom oder London. Doch gemach.

Neue Saison, neues Glück. Und siehe da: 26 Punkte nach der Hinrunde. Platz sieben. Drei Punkte hinter den Bayern, elf Punkte vor Köln auf Platz 17 – wie die vorsichtigeren Fans bemerkten.

Doch eine Rückrunde zum Heulen brachte den steilen Absturz der Adler. Kein Tor (!) in den ersten acht Spielen der Rückrunde, diese Bilanz führte zur Entlassung Skibbes. Es folgte der „Messias" aus Köln. Christoph Daum, der Jahre zuvor bei seiner Rückkehr zum FC im Müngersdorfer Stadion von tausenden von Kölner Fans emp-

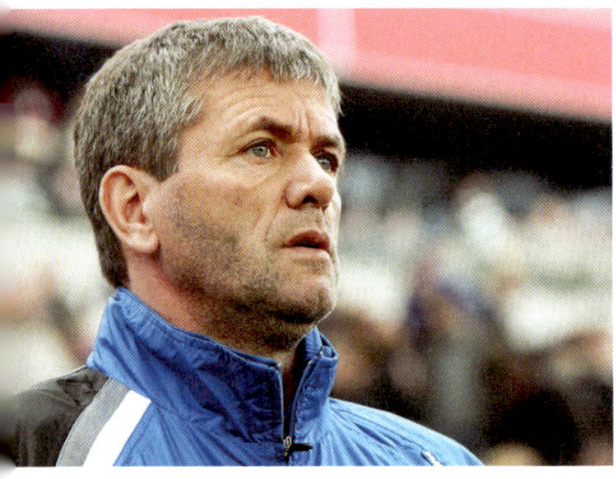

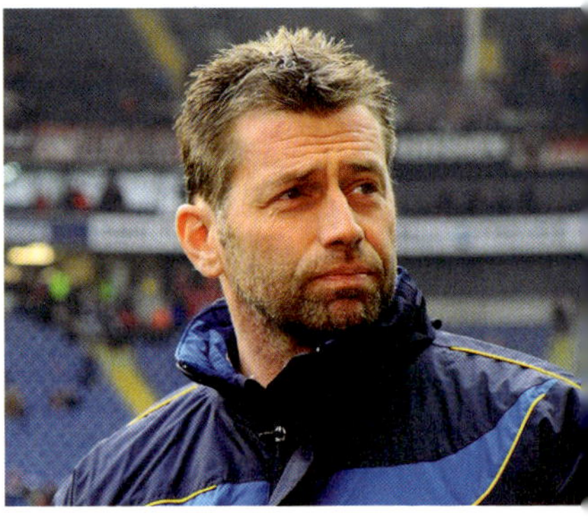

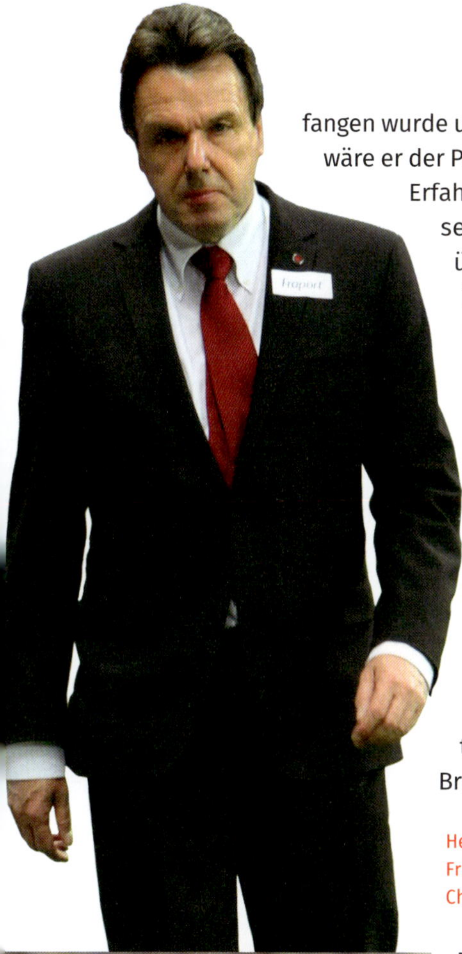

fangen wurde und dem man Babys reichte, als wäre er der Papst, vermochte es nicht, seine Erfahrung, sein „Können“, sein Wissen zu vermitteln. Es ist nicht überliefert, ob Daum („der Kopf ist das dritte Bein“) Spieler barfuß über heiße Kohlen oder Glassplitter gehen ließ. Drei Unentschieden und vier Niederlagen später war die SGE – mal wieder – abgestiegen. Bruchhagens Manifest schien bestätigt.

Armin Veh führte die Adler aus der Asche wieder nach oben. Sogar bis in den internationalen Wettbewerb. Doch die grauen Jahre endeten erst mit dem Wechsel von Bruchhagen zu Fredi Bobic.

Heribert Bruchhagen und seine Trainer: Friedhelm Funkel, Michael Skibbe, Christoph Daum und Armin Veh (v. l.)

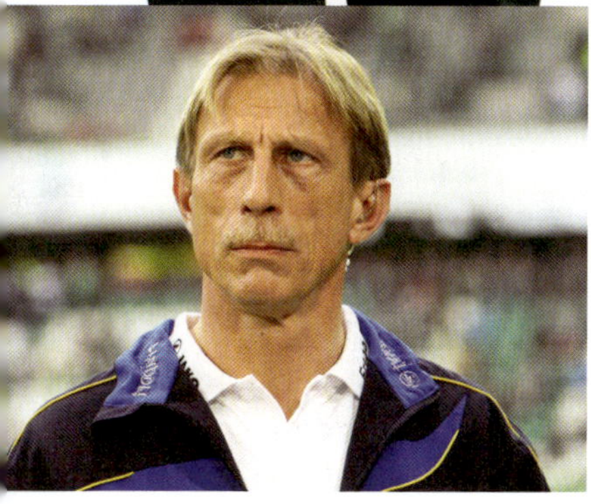

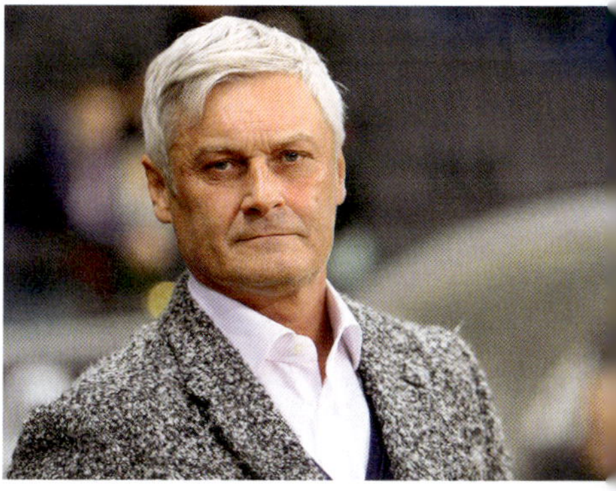

Ein Kofferraum voller Drogen

18 Vereine in 22 Jahren. Der Begriff Wandervogel passt zu Mo Idrissou, der am 8. März 1980 in Yaounde/Kamerun geboren wurde, genauso hundertprozentig wie der des Paradiesvogels, als der er sich den Fans und Mitspielern gerne präsentierte. An Selbstbewusstsein mangelte es dem bulligen Stürmer ebensowenig wie an Chuzpe.

Zwar sorgte er in seiner ersten Saison für die Eintracht (2011/12) mit 14 Toren in Liga 2 mit für den Wiederaufstieg. Doch sollte Mo, der sich vor wenigen Jahren noch aus Freiburg mit dem Satz verabschiedete, er wolle alsbald Champions League spielen, nicht einmal die erste Liga wiedersehen.

Eigenartige Geschichten gab es in der Karriere des Kameruners mehr als genug. Mal wollte angeblich seine Mutter nicht, dass er seinen Vertrag erfüllt, weil er zu häufig wegen Raketenalarms in den Schutzbunker musste (Maccabi Haifa); mal war es die Zusage eines griechischen Immobilienmoguls, die von dessen Nachfolger, einem russischen Oligarchen nicht erinnert werden wollte (KFC Uerdingen). Die Hintergründe seiner zahlreichen Vereinswechsel würden ein eigenes Buch füllen. In Frankfurt sorgten ein Afrikaner, ein Kofferraum voller Drogen, 3000 Euro in bar und insbesondere Heribert Bruchhagen für das plötzliche Ende Idrissous in Frankfurt.

Idrissou hatte einen seiner vielen Pkws an einen Afrikaner verliehen, dessen Mutter angeblich erkrankt war. Hinzu gab er diesem Mann 3000 Euro in bar. In welchem Verhältnis die beiden Männer zueinander standen: unklar. Der Grund für die gute Tat Idrissous: unklar. Was folgte: ein Fall für die Staatsanwaltschaft.

Idrissou sagte aus, dass er wenige Tage, nachdem er seinen Pkw verliehen hatte, erpresst wurde. Unbekannte hätten seinen Wagen in Berlin „sichergestellt“. Der Kofferraum sei voller Drogen und zahle Idrissou nicht Schweigegeld, wolle man die Geschichte der BILD-Zeitung durchstechen.

Heribert Bruchhagen fand keinen Gefallen an der Räuberpistole und wollte jede Unruhe von der Mannschaft fernhalten. Statt mit der SGE in die erste Liga zu gehen, wurde der Kameruner von der Eintracht an Kaiserslautern verkauft. Eine weise Entscheidung, denn die Karriere Idrissous wurde bis zum Schluss von Anklagen wegen per SMS verschickter Morddrohungen, Gewalt gegen Frauen oder Vaterschaftsklagen begleitet. Sein Unverständnis für deutsches Recht zeigte der Stürmer unter anderem durch die Auffassung, für drei PKWs nur eine Zulassung haben zu müssen. Er könne ja immer nur eines fahren, lautete sein Argument. Wegen Problemen mit seinen Papieren landete Idrissou in österreichischer Abschiebehaft. Arbeitserlaubnis, Führungszeugnis, Pass – nichts davon war korrekt. Er habe ja auch noch einen neuen Pass dabeigehabt, nach dem habe ihn aber niemand gefragt ...

Nach seiner „wilden“ Karriere scheint Idrissou heute geläutert. Er hat eine Fußballschule gegründet: „Ein Fußballcamp! Womit ich Kinder helfen möchte, ihre Träume als Profifußballer zu verwirklichen.“ Wo startet er neu? Natürlich in Frankfurt am Main.

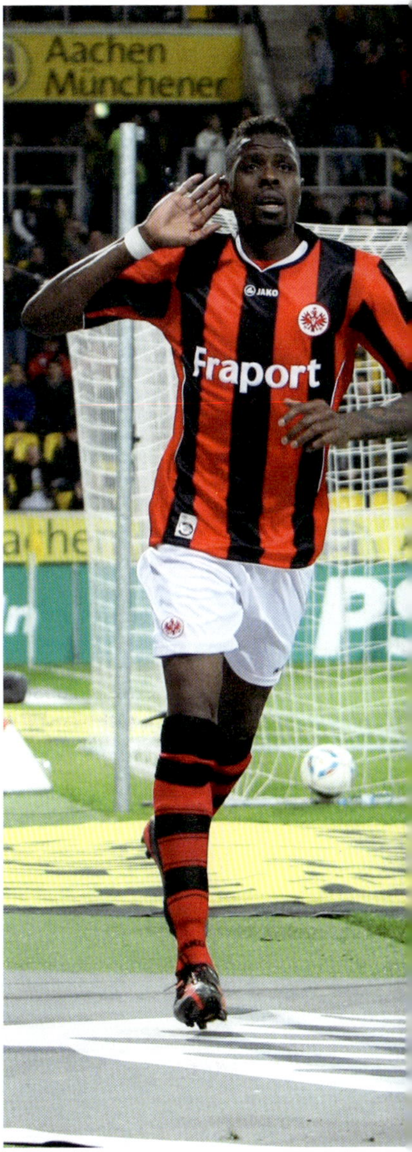

So sahen ihn die Eintracht-Fans am liebsten: Mo Idrissou beim Torjubel

A Clockwork Orange

Der hessische Kleinbus an der Grenze zu Frankreich wurde herausgewunken. Die Kontrolle erbrachte „hochgefährliches Schmuggelgut“ an Bord. Neben den bestens gelaunten Fans war jeder freie Zentimeter mit Getränkekisten gefüllt. Hätten die Franzosen den umgangssprachlichen Namen des Getränks erfahren, sie hätten vielleicht ohne weitere Fragen die Besatzung in Gewahrsam genommen. So durften die Unmengen an „Stöffche“ ungehindert die Weiterfahrt gen Südfrankreich vollziehen. Wobei die Beamten wohl noch heute bezweifeln, dass all das „Eigenbedarf“ gewesen sein soll.

In jedem Fall hatte der französische Zoll im November 2013 vielleicht so viel zu tun wie sonst nur zu Ferienbeginn. Drei Charter-Flieger, 70 Reisebusse und hunderte Mini-Busse und Fahrgemeinschaften machten sich auf die 1133 km lange Strecke zwischen Waldstadion und Stade Jacques-Chaban-Delmas. 12.000 Fans hatten Tickets erworben. Neuer Europarekord für Auswärtsfahrten. Den alten hielten die Gladbacher, die mit zehntausend nach Rom gereist waren.

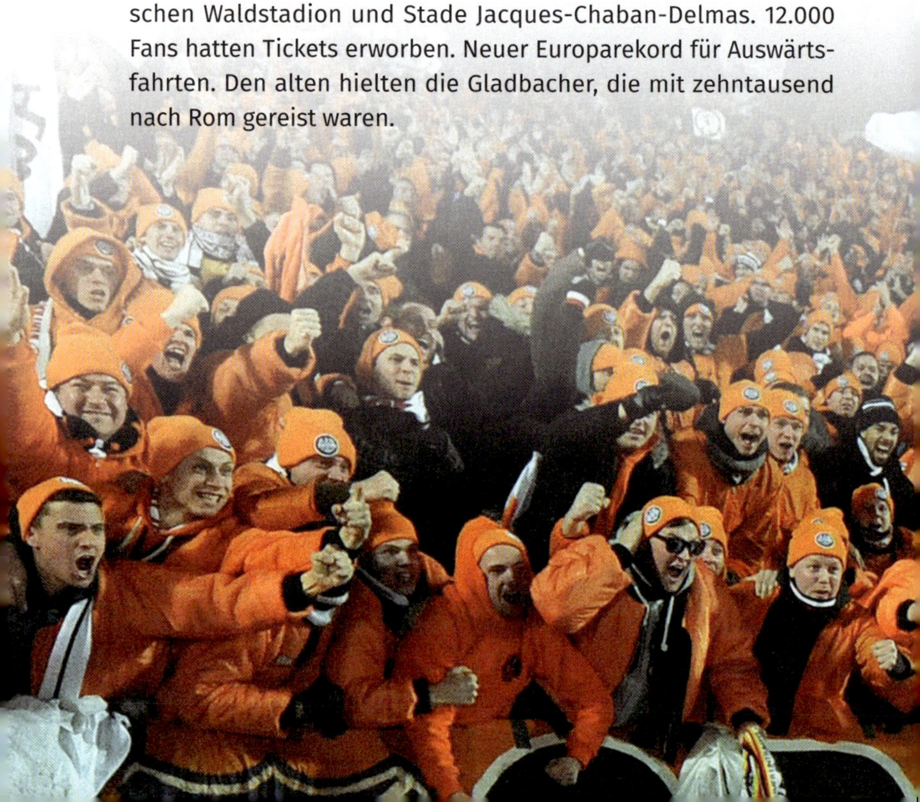

Nun sollte die Reise in jeder Hinsicht besonders werden. Die Spieler trugen das dritte, das sogenannte Ausweichtrikot in einem Grünton mit einem Rautenmuster, dem die klassischen Apfelweingläser als Vorbild dienten. Die unzähligen Auswärtsfahrer einigten sich auf eine für den schwarz, weiß, rot geprägten Verein ebenso ungewöhnliche Farbe. Nicht der naheliegende Farbton „Bordeaux“ wurde gewählt. In teilweise grellem Orange wurden Schals, Shirts, Jacken und vor allem Mützen getragen. Große Teile der Fans marschierten vor dem Spiel geschlossen zum Stadion. Die gezündete Pyrotechnik war natürlich Ton in Ton gehalten. Der Block der Frankfurter machte mächtig Eindruck. 12.000 Mal Orange. Das 1:0 kurz vor Spielende machte die Party perfekt. Sie sollte bis zum Morgengrauen andauern. Kneipen, Bistros, Restaurants, Plätze waren mit Farbtupfen Frankfurter Fans belegt. Ob Stanley Kubrick das mitbekam? Seinem Film wurde das Motto entlehnt. „A Clockwork Orange“ war „farbbestimmend“ für die Rekordreise der Frankfurter Fans.

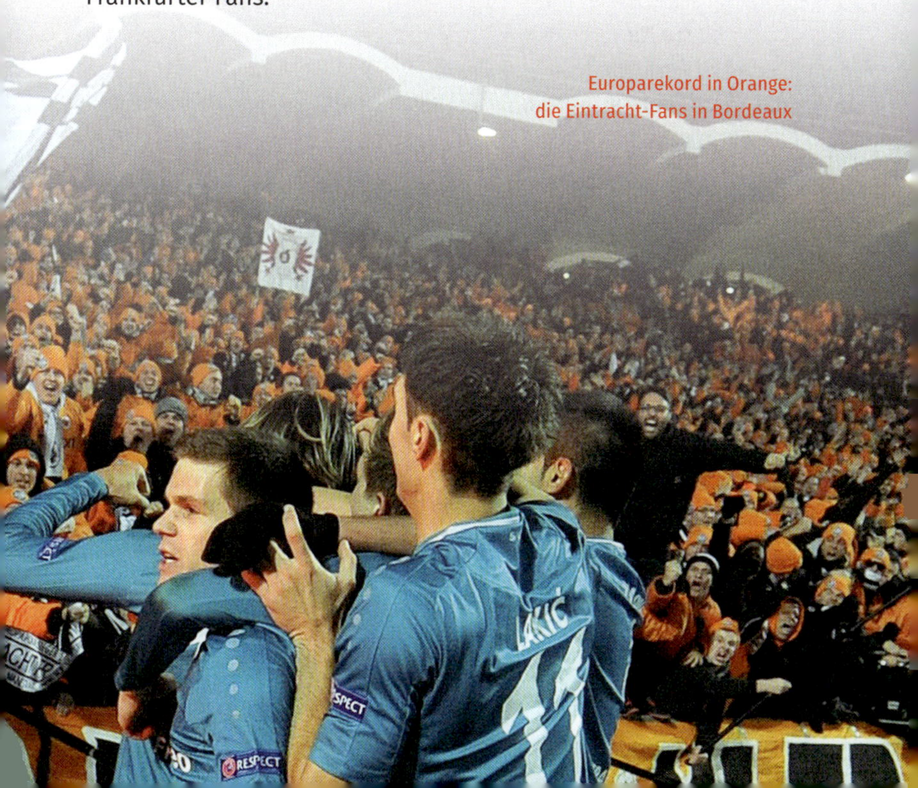

Europarekord in Orange:
die Eintracht-Fans in Bordeaux

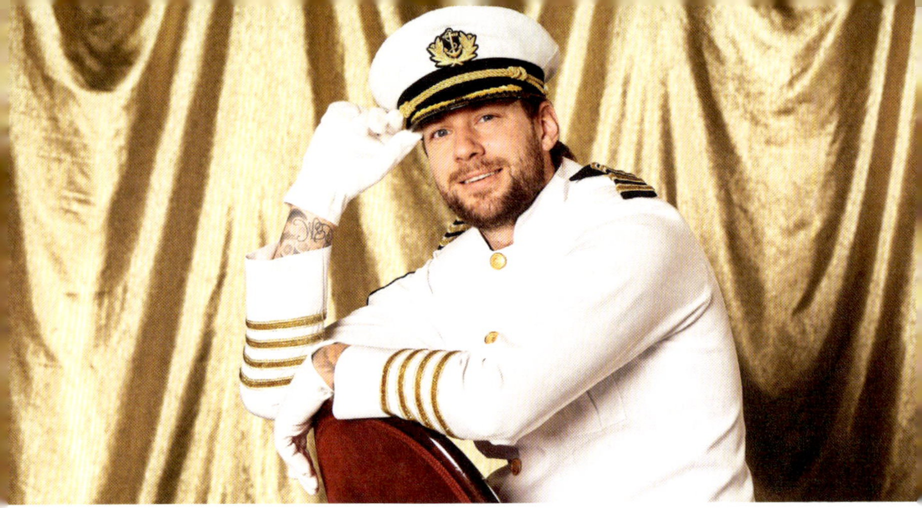

Ungewohntes Outfit: Marco Russ bei der VOX-Sendung „Showtime of my life – Stars gegen Krebs“

Strippender Held

Ein Abend im deutschen Fernsehen. Vox. Irgendwann nach 20:15 Uhr. Männer strippen. Prominente wie Jimi Blue Ochsenknecht oder Bastian Bielendörfer. Mitten unter ihnen: Marco Russ, Ex-Profi der Frankfurter Eintracht, DFB-Pokalsieger 2018. Mit Mitte 30 in Fußballrente. Was hat ein Ex-Profi der SGE unter strippenden Männern verloren? Geldsorgen? Wette verloren? Oder einfach ein neues Talent entdeckt?

Wer sich die Karriere des gebürtigen Hanauers anschaut, der findet eher wenig Drama. In ganz jungen Jahren zog es ihn vom VfB Großauheim zur Eintracht. 15 Jahre blieb er – damals noch – am Riederwald. Spielte noch im alten Waldstadion, bevor es für die WM 2006, dem „Sommermärchen“, zur Arena umgebaut wurde. Mit 20 Jahren spielte er 2006 im Berliner Olympiastadion sein erstes Pokalfinale für die SGE. Er spielte UEFA-Cup und kämpfte gegen den Abstieg, der 2011 nicht mehr zu verhindern war. Worauf er sich gen Wolfsburg verabschiedete, was ihm heute keiner mehr übel nimmt. Denn nur 18 Monate später trug er wieder den Adler auf der Brust und legte ihn bis zum Karriereende nicht mehr ab.

Das Ende war nach einem Achillessehnenriss zu Beginn der Saison 2018/19 unausweichlich. 22 Jahre, nachdem er erstmals das Trikot übergestreift hatte.

Weshalb er wenig später in einer TV-Show die Hüllen fallen lassen sollte, hatte mit einer positiven Dopingprobe im April 2016 zu tun. Was unerklärlich war, hatte einen den Verdacht des illegalen Dopings entlastenden, den Mensch Marco Russ aber extrem belastenden, herausfordernden Grund: Russ hatte Krebs. Die Erkrankung war der Grund für die positive Probe.

Doch Russ gab nicht auf. Wenige Tage nach der Diagnose spielte er in der Relegation für die Eintracht gegen Nürnberg. Gab alles. Wurde verwarnt und somit für das Rückspiel gesperrt. Er hätte gespielt, unterzog sich so aber der dringend notwendigen und am Ende erfolgreichen Operation.

Nicht mal ein Jahr später gab Russ sein Comeback im DFB-Pokal. Der Weg führte wie 2006 ins Finale. Ergebnis bekannt. Erneut Vize. Doch zur Heldengeschichte von Marco Russ fehlte noch etwas. Und so ging es 2018 erneut nach Berlin. Wieder mit ihm. Als er in der 74. Minute eingewechselt wurde, stand es 1:1. 20 Minuten später wurde gefeiert. Kurz darauf reckte Marco Russ den Pokal in die Höhe. Ein Held im Olymp. Geheilt. Gesund. Gewinner!

Um der Fernsehnation ein warnendes Beispiel zu sein, Werbung für die Krebsvorsorge zu machen und die Angst vor der Angst nehmen: Dies waren einige von vielen Beweggründen, weshalb das Frankfurter Idol im November 2020 Teil der Sendung „Showtime of my life – Stars gegen Krebs“ wurde. Auf dem Platz, abseits des Platzes: In jeder Hinsicht ein Vorbild!

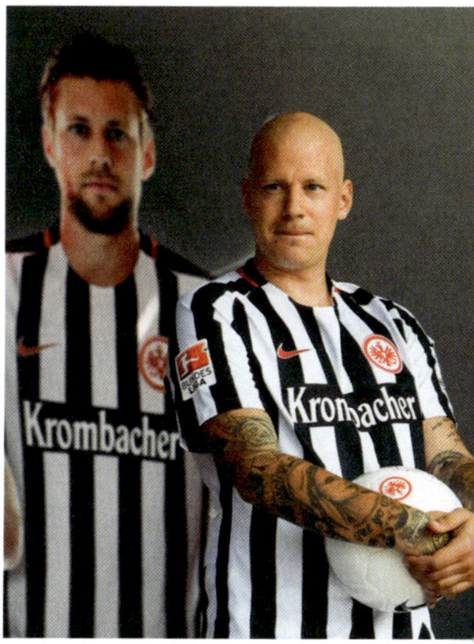

Marco Russ neben seinem Konterfei während der Saisoneröffnungsfeier von Eintracht Frankfurt im August 2016

Heureka!

Die Eintracht hatte häufiger ein Faible für Spieler aus Regionen, in denen der Fußball nicht unbedingt die Volkssportart Nummer 1 ist. Die Schweizer bekamen mit Rüdi Elsener den ersten Eintrag ins Klassenbuch der SGE. Später folgten Huggel, Spycher, Seferovic, Fernandes und Sow. Wen wundert's, dass der Verein, dessen Historie eng mit einem serbo-hessischen Trainer verbunden ist, eine ganze Reihe serbokroatischer Ballkünstler in seinen Reihen wusste und weiß. Die „iće", wie die Spieler um Kostić, Gaćinović und Co. einander nennen, sind bereits heute Legende.

Auch eine legendäre Zeit war jene der Hellenen. Die griechische Phase der SGE läutete ein gewisser Ioannis Amanatidis im Januar 2004 ein. Für lächerliche 100.000 Euro kam der 22-Jährige vom VfB Stuttgart. Mit 49 Toren in 158 Spielen war er nirgendwo erfolgreicher als im Stadtwald. Amanatidis folgten seine Landsleute Sotirios Kyrgiakos, Vangelis Mantzios, Nikolaos Liberopoulos, Theofanis Gekas und Georgios Tzavellas. Im Jahr 2012 endete die griechische Dekade. Gekas, der noch eine Halbsaison in Liga 2 für die SGE antrat und immerhin sieben Tore in 14 Spielen schoss, verließ im kalten deutschen Winter die Eintracht. Tzavellas zog es ebenfalls noch im Januar gen Süden, wo er beim AS Monaco einen neuen Verein fand. Amanatidis hatte sich schon aufs Altenteil verzogen, aber immerhin noch sein Restaurant „Zum Griechen" in Frankfurt behalten. Ob seines stets großen Einsatzes auf dem Platz ist Amanatidis

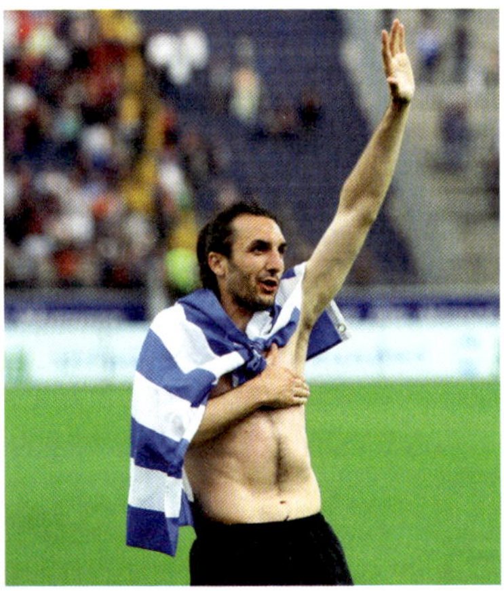

Sotirios Kyrgiakos bei seinem Abschied aus Frankfurt im Mai 2008

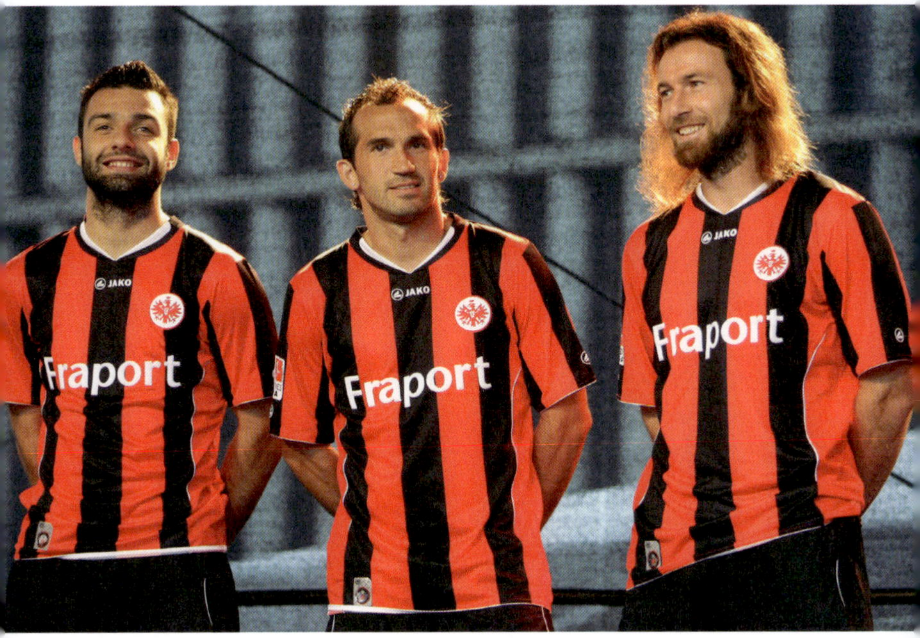

Griechische Fraktion bei der Eintracht: Georgios Tzavellas, Theofanis Gekas und Ioannis Amanatidis (v. l.) bei der Saisoneröffnungsfeier im August 2010

heute noch Idol der Fans. Vom Hünen Kyrgiakos bleiben Bilder wie jene aus dem Sommertrainingslager, wo er sich die wenigen Meter vom Hotel zum Trainingsplatz im Golfcart chauffieren ließ. Tzavellas hatte immerhin einen – unfreiwilligen – Rekord gesetzt. Als er einen Befreiungsschlag an Manuel Neuer vorbei und über die Distanz von 73 Meter ins Tor der Bayern netzte.

Das Jahrzehnt der Griechen verdanken die Frankfurter einer längst in Vergessenheit geratenen Lokalgröße. Der schwarze Abt, wie man den ehemaligen Eintracht Manager Klaus Gerster zu seinen Dortmunder Zeiten nannte, verlor nie die Nähe und den Kontakt zur Eintracht. Dank seines Partners, dem ehemaligen Offenbacher Spieler Paul Koutsoliakos, gab es blendende Verbindungen zum Peloponnes. Und es erscheint naheliegend, dass zu jener Zeit aus dem vorwiegend griechischen Fundus der Agentur eben jene zur SGE vermittelt wurden. Hellas.

Die Nummer 14 trägt der Fußballgott

Im US-Sport werden die Rückennummern verdienter Spieler „eingefroren“. Das Trikot oder die Zahl werden im Stadion, der Arena oder der Halle an prominenter Stelle aufgehangen. Babe Ruth‘s 3, Joe DiMaggios 5 sind bei den New York Yankees auf ewig gesperrt. Oder besser: bleiben für die beiden Stars reserviert. Jüngst ließ Dirk Nowitzki seine Nummer 41, sein Trikot der Dallas Mavericks vor dem Spiel gegen die Golden State Warriors in der Halle „emporsteigen“. Sie wird nie mehr vergeben werden und auf ewig die Fans der Mavs an Nowitzki erinnern.

Alex Meier kam im Sommer 2004 vom Hamburger SV zur Eintracht. Leihe in Liga 2. Wo er sich zum Stammspieler emporarbeitete und mit zehn Toren seinen Teil zum Wiederaufstieg beitrug. Doch bis zum Olymp, zum Fußballgott, sollte es ein weiter Weg sein.

Vielleicht war der größte Schritt das Jahr 2012, als die Eintracht erneut abstieg und der stille Star den schweren Weg ins Unterhaus mitging. Als Torschützenkönig in Liga 2 brachte vor allem er die Adler zurück ins Oberhaus. Wo Meier sich zwei Jahre später die Torjägerkanone abholen durfte. Mit 19 Saisontoren vor einem gewissen Robert Lewandowski (17)! Der Fußballgott war er nun geworden.

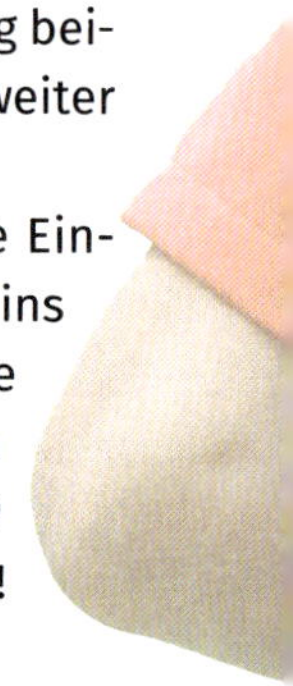

Und einen Pokal durfte Meier auch noch in die Höhe recken. 2017 stand er noch selbst auf dem Platz, als Dortmund gewann. Eine Verletzung hielt ihn während der darauffolgenden Saison davon ab, selbst an- und einzugreifen. Und auch wenn er bei seiner Rückkehr in den Spielbetrieb, am 5. Mai 2018 unmittelbar nach seiner Einwechslung sein Tor machte – mit der Innenseite seines rechten Fußes, wie so oft – und bereit war, in Berlin gegen die Bayern anzutreten, so ließ ihn Niko Kovač außen vor. Als Kapitän stemmte er nach dem Sieg gemeinsam mit dem spielenden Kapitän David Abraham den DFB-Pokal in den Berliner Nachthimmel. Seine letzte Aktion als Profi der SGE.

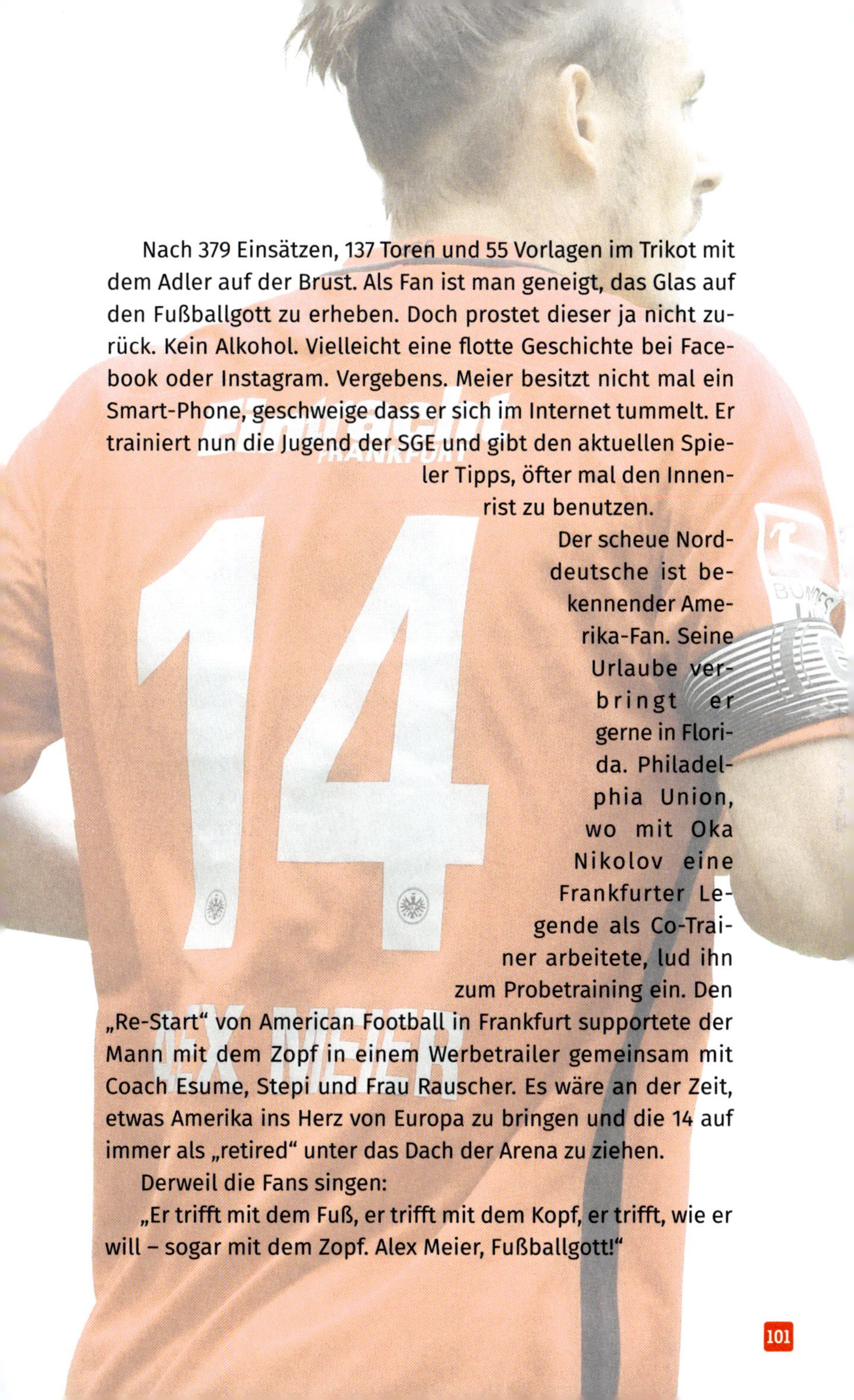

Nach 379 Einsätzen, 137 Toren und 55 Vorlagen im Trikot mit dem Adler auf der Brust. Als Fan ist man geneigt, das Glas auf den Fußballgott zu erheben. Doch prostet dieser ja nicht zurück. Kein Alkohol. Vielleicht eine flotte Geschichte bei Facebook oder Instagram. Vergebens. Meier besitzt nicht mal ein Smart-Phone, geschweige dass er sich im Internet tummelt. Er trainiert nun die Jugend der SGE und gibt den aktuellen Spieler Tipps, öfter mal den Innenrist zu benutzen.

Der scheue Norddeutsche ist bekennender Amerika-Fan. Seine Urlaube verbringt er gerne in Florida. Philadelphia Union, wo mit Oka Nikolov eine Frankfurter Legende als Co-Trainer arbeitete, lud ihn zum Probetraining ein. Den „Re-Start" von American Football in Frankfurt supportete der Mann mit dem Zopf in einem Werbetrailer gemeinsam mit Coach Esume, Stepi und Frau Rauscher. Es wäre an der Zeit, etwas Amerika ins Herz von Europa zu bringen und die 14 auf immer als „retired" unter das Dach der Arena zu ziehen.

Derweil die Fans singen:

„Er trifft mit dem Fuß, er trifft mit dem Kopf, er trifft, wie er will – sogar mit dem Zopf. Alex Meier, Fußballgott!"

Grünes Gift!

Die Grundvoraussetzung für einen Spitzensportler ist ein gesunder Körper. Und, ja: eine gute und gesunde Einstellung und seit einigen Jahren einiges mehr – wie gesunde Ernährung, Achtsamkeit, etc.

Zur Erlangung der größtmöglichen Fitness gibt es in den Vereinen mittlerweile mehr Betreuer als Spieler. Wo früher der Busfahrer auch noch Zeugwart und vielleicht sogar Mannschaftskoch war, werden diese Aufgaben mittlerweile von mehr als drei Personen übernommen. Hinzu kommen Fitnesstrainer – für diverse Aufgaben diverse Spezialisten – Osteopathen, Yoga-Lehrer, Ernährungsberater, Taktik-Trainer, etc.

Dabei geschehen – wie überhaupt auf der Welt – häufig Verletzungen außerhalb des Platzes oder des Trainings. Stefan Kuntz schon verletzte sich schwer am Knöchel, als er aus dem Mannschaftsbus stieg und umknickte. Charles Akonnor fehlte dem VfL Wolfsburg wochenlang, weil er sich die Antenne seines Pkws in die Nase gerammt hatte. Und der vielleicht prominenteste Fall war der Nationaltorhüter Spaniens: Santiago Canizares verpasste die WM 2002, weil ihm ein Parfum-Flacon auf den nackten Fuß gefallen war und eine Sehne durchtrennt hatte.

Im Frankfurter Kader steht seit 2017 ein Spieler, dessen Grundhandicap ihn eigentlich berufsuntauglich macht. Danny Da Costa brachte aus Leverkusen nicht nur sein extrem sonniges Gemüt mit, sondern eine Rasenallergie. Sobald er mit dem satten Grün in Berührung kommt, beginnt ein extrem starker Juckreiz, es bilden sich Pusteln, ein Ausschlag. Da Costas Rezept gegen diese Beeinträchtigung? Nein, er plädiert nicht für Kunstrasenplätze in der Bundesliga. Keine Ernährungsumstellung oder Extra-Yoga-Stunden. Er trägt ganz einfach langarmige Trikots und die wohl längsten Stutzen der Liga.

28 Nationen

Bis 1992 durften maximal zwei „Ausländer" dem Kader einer Bundesligamannschaft angehören. Dann gab es eine Steigerung um 50% auf drei! Bis in der Saison 2006/07 die „Ausländerregel" faktisch aufgehoben wurde. Zwar gibt es Regelungen, wie die Aufnahme einer gewissen Anzahl im Verein ausgebildeter Spieler in den Gesamtkader und andere, die eine völlig freie Zusammenstellung verhindern, doch ist der Manager heute weitestgehend frei in seiner Einkaufspolitik.

In Frankfurt herrschte immer schon größtmögliche Weltoffenheit. Erster größerer Auslöser war gewiss der Badesalz-Sketch „Sabini". Und spätestens mit Anthony Yeboah und Augustine Okocha und der damals sprachlich noch etwas holprigen, aber sehr ernst gemeinten Aktion „Mein Freund ist Ausländer" erhielten Rassismus und Fremdenhass Stadionverbot!

So wundert es wenig, dass der Verein sich in Kooperation mit Sky 2017 um den Civis Medienpreis für Integration und kulturelle Vielfalt bewarb. In einem dreiminütigen Video versucht die gesamte Mannschaft der SGE, „das internationalste Taxi der Bundesliga" zu kapern. Am Steuer: Niko Kovač. Mit Fredi Bobic als Beifahrer.

Der Preis ging zwar in andere Hände, aber das Signal schaffte es um die Welt. Eintracht Frankfurt International wird nicht nur gesungen, es wird gelebt. In jenem Jahr von 35 Spielern aus 28 Nationen: Finnland, Slowakei, Deutschland, Österreich, Jamaika, England, Ecuador, Mexiko, Argentinien, Italien, Uruguay, Ungarn, Kosovo, Frankreich, Niederlande, Israel, USA, Spanien, Äquatorialguinea, Schweiz, Japan, Bosnien-Herzegowina, Kroatien, Russland, Türkei, Serbien, Marokko, Schweden.

Ein Prince! Ein Jahr!

Auf dem berühmten Balkon des Frankfurter Römer stand die Mannschaft von Eintracht Frankfurt. Das Pflaster auf dem Platz davor war nicht zu sehen. Tausende säumten zuvor den Weg vom Flughafen ins Zentrum. Die SGE hatte am Vortag die übermächtigen Bayern in Berlin besiegt und den Pokal nach 30 Jahren wieder an den Main geholt.

Der Anführer der Multi-Kulti-Truppe ergreift das Mikrofon und sagt den geschichtsträchtigen Satz: „Bruda, schlag den Ball lang!" Der Bruda, Ante Rebić, liegt in seinem Arm. Im Arm von Kevin-Prince Boateng.

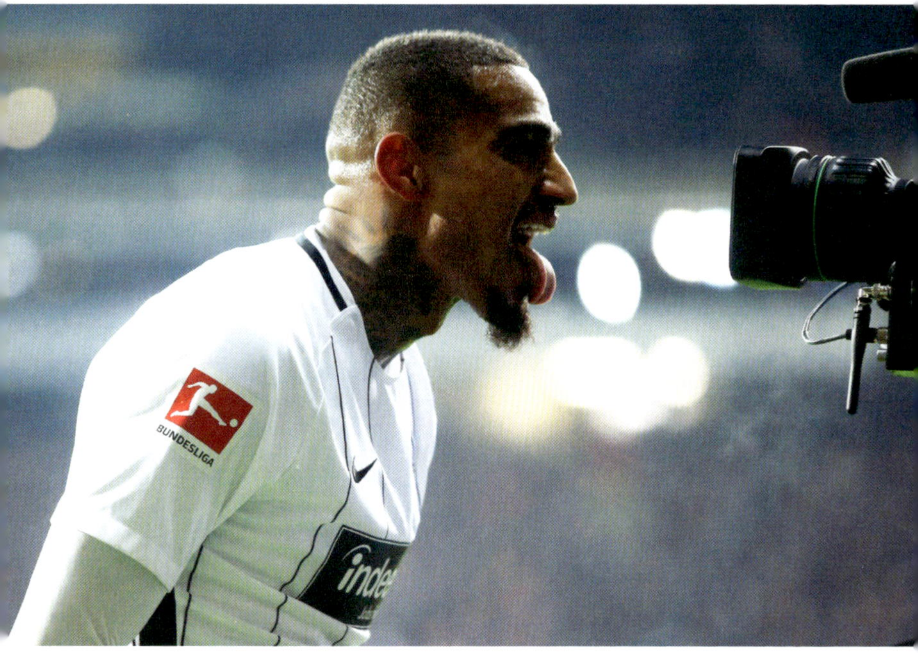

Ganz und gar nicht kamerascheu: Kevin-Prince Boateng

Dessen Karriere war vor allem wechselvoll. An kaum einer Station seiner Karriere hielt sich der Prince lange auf. Er spielte unter anderem bei Tottenham, in Dortmund, Mailand, Schalke und Las Palmas. Italienischer Meister, Ligapokalsieger in England und Pokalfinalist. Ein bunter Hund, der stets mit den Besten kickte. Und Frankfurt?

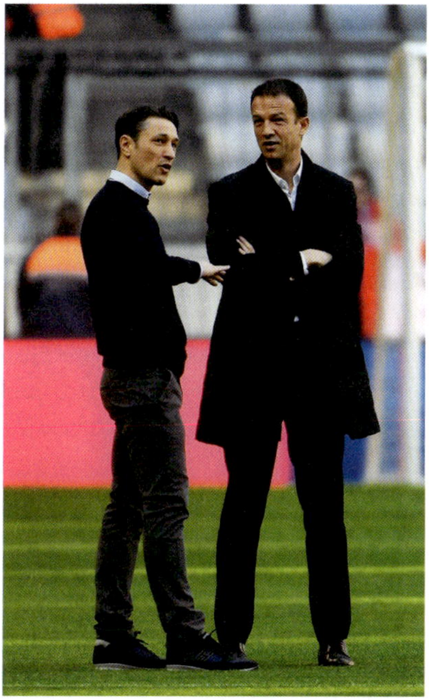

Architekten des Frankfurter Erfolgs: Niko Kovač (l.) und Fredi Bobic

Sein Weg zur Eintracht hatte zunächst mit einem anderen bunten Hund zu tun: Marcelinho. 46 Profis und ehemalige Mitstreiter trafen sich am 25. März 2017 im Berliner Olympiastadion zu dessen Abschiedsspiel. Marcelinho hatte seine beste Zeit in Berlin, der Heimat Boatengs. Auf der Bank nahmen auch zwei ehemalige Mitstreiter Platz: Fredi Bobic und Kevin-Prince Boateng. Sie kamen ins Plaudern. Beide kannten Niko Kovač, den aktuellen Frankfurter Trainer, aus Hertha-Zeiten. Ob sich der Prince eine Rückkehr nach Deutschland vorstellen könne, wollte Bobic wissen. Boateng spielte zu dem Zeitpunkt auf Gran Canaria. „Lust hätte ich schon", entgegnete der Prince. Bobic rief darauf dessen Berater an und präsentierte wenige Wochen später dem überraschten Aufsichtsrat der SGE seinen Königstransfer. Denn als solcher sollte sich der vermeintlich schwierige Kandidat entpuppen. Spätestens an jenem Sonntag, dem 20. Mai 2018, als er auf dem Balkon stand, mit dem Pokal, zahlte er das Vertrauen zurück.

Spaßbeauftragter

Fußball war in Frankfurt sehr häufig ein sehr ernstes Thema. Abstiegskampf und enttäuschte Hoffnungen wogen mehr als Triumphe und heitere Momente. Die Fans sind vieles gewöhnt. Umso mehr fällt auf, wenn es Spieler gibt, die das bierernste Thema auflockern.

Wir denken an Franck Ribérys Lausbubenstreiche, der unter anderem seinen Mitspielern die Schnürsenkel der privaten Schuhe heimlich verknotete. An Sepp Maiers Ausflüge in die Komik, ob als Karl Valentin, Entenjäger während eines Bundesligaspiels oder Darsteller in Sketchen oder im Film. Wie wichtig Humor und damit eine gute Stimmung für das Klima einer Mannschaft ist, bewiesen unter anderem Lukas Podolski und Bastian Schweinsteiger seit der WM 2006 in der Nationalmannschaft.

In Frankfurt hat seit jeher – sieht man von einem immerhin vierjährigen Ausflug zum 1. FC Nürnberg ab – Timothy Chandler die Position der Stimmungskanone inne. Der von seinen Nationalmannschaftskollegen in den USA wegen seines „besonderen" Hinterteils „J.-Lo" genannte Außenbahnspieler hat den Schalk im Nacken. Und immer eine positive Ausstrahlung, die auf die Mannschaft abfärbt. Besonderes Beispiel ist sein Verhältnis zu Mannschaftskamerad Gonçalo Paciência. Als dieser im Sommer 2018 zur Eintracht kam, war Chandler sofort Ansprechpartner und Freund. Der Portugiese war froh, jemanden anzutreffen, der ihm zuhörte und ihn zu verstehen schien. Chandler zeigte ihm immer wieder seine Aufmerksamkeit durch eingestreute, vermeintlich portugiesische Vokabeln. Ein „sim", also „ja" an der rechten Stelle – und Gonzo war glücklich. Erst nach einiger Zeit offenbarte sich der in Frankfurt am Main geborene und aufgewachsene Timmy. Natürlich sprach er kein Portugiesisch. Verstand kein Wort. Sorgte aber auch hier für ausgezeichnete Stimmung und ist seither bester Buddy von Paciência.

Die Eintracht weiß die Integrationskraft zu schätzen und hat 2020 mit Chandler einen Fünfjahresvertrag geschlossen. Im Jahr 2025 soll er in anderer Funktion dem Verein erhalten bleiben. Dann wäre Chandler 35 Jahre alt – und der Verein vielleicht bereit für den ersten Spaßbeauftragten im Deutschen Profifußball.

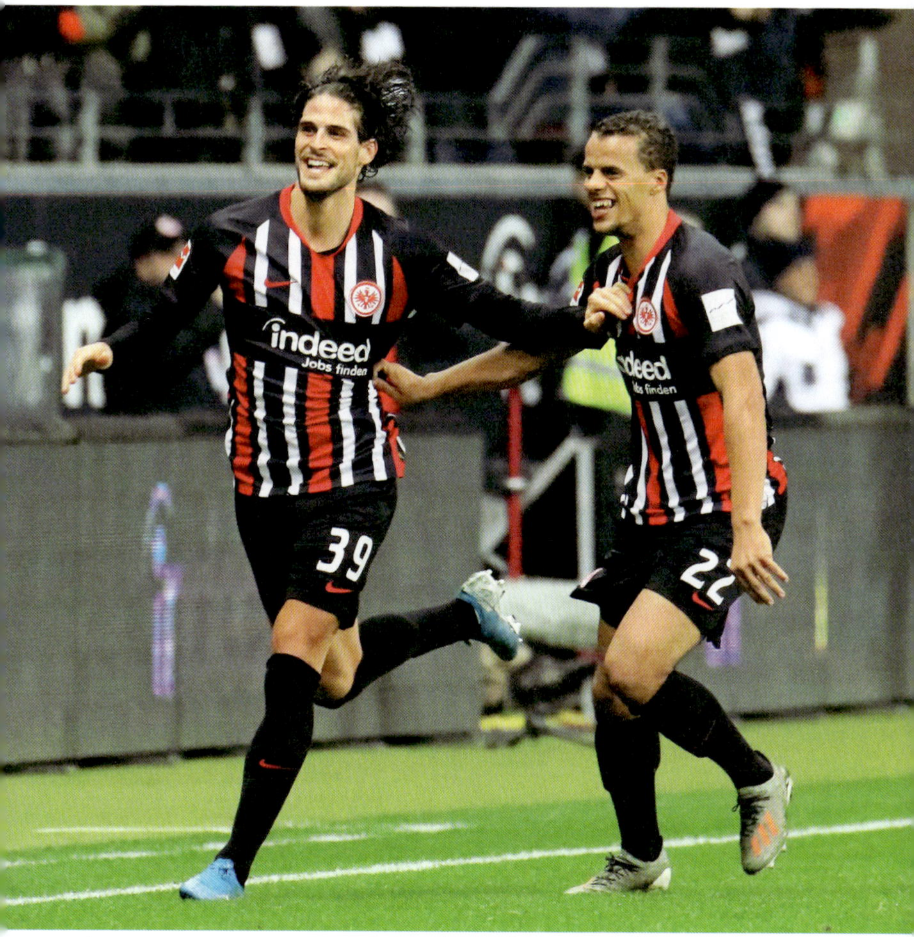

Humor macht das Leben leichter: Gonçalo Paciência (l.) und Timothy Chandler

Schwarz-Weiß wie Schnee?

Beim DFB-Pokalfinale 2006 hatte Andreas „Gerre“ Geremia mit seiner Band Tankard einen großen Auftritt. Anlässlich des DFB-Pokalfinals zwischen der Eintracht und dem FC Bayern München performten sie eine der Hymnen des Vereins. Die Punk-Version der alten englischen Melodie zu „The Banks of Sacramento“ verbunden mit dem Text „Schwarz-Weiß wie Schnee, das ist die SGE“ wurde dem ausverkauften Haus präsentiert. Tankard hatte aus dem Fangesang, der schon in den 70er Jahren durchs Waldstadion hallte, einen Hit gemacht. Erstmals wurde 2006 dieser Song auch aufgenommen und konnte so als LP oder CD aufgelegt werden. Fortan schallte also „mit dem Jürgen, mit dem Jürgen“ aus den Boxen über den Zuschauerrängen, was zuvor nur von den Fans kommen konnte.

2017 und 2018 durfte Tankard erneut anlässlich der Finalteilnahme der SGE in Berlin vor der Fankurve spielen. In der Zwischenzeit haben die Fans in den Foren jedoch angefangen, die Korrektheit des Textes in Frage zu stellen. Einige singen mittlerweile „Schwarz-Weiß wie scheee“, also „wie schön“, da sie reklamieren, dass Schnee nicht Schwarz-Weiß sei.

Dieser korrekte Einwand ist schwer von der Hand zu weisen. Haben die Fans in den 70er Jahren „wie schee“ gesungen oder war der Schnee damals ein anderer? Die Erklärung jener, die sich an die Zeiten erinnern können, als der G-Block und die gesamte Kurve noch keine Überdachung hatten, ist einfach. Bevor Gerre seinen Text mit dem Album veröffentlichte und somit erstmals „Fakten“ schuf, sang man ein „und“ mit. Und setzte eine kurze Pause nach „Schwarz“.

Korrekt heißt der Text also: „Schwarz – und weiß wie Schnee, das ist die SGE“.

Es sei denn, jemand schreibt die Geschichte neu ...

Danny geht viral

Es ist einer dieser besonderen Abende für Frankfurter Fans. Auf Zypern hat die SGE 2018 in der Europa League den nächsten Schritt gemacht. Wieder waren tausende Fans aus dem tristen deutschen November ins warme Limassol gereist. Die Gassen waren mit schwarz-weiß-roten Tupfen gesprenkelt. Die Schals, Mützen und Trikots der Eintracht-Anhänger waren allgegenwärtig. Als Peter Fischer, der Präsident, auftaucht, wird gesungen: „Peter gib einen aus!"

Eine Stütze auf dem Platz an diesem Abend: Danny da Costa. Der in der vergangenen Saison aus Leverkusen gekommene rechte Verteidiger machte seinen Job ausgezeichnet. Das Team gewann 3:2. Dass er ein cooler, schlauer Junge ist, hat Da Costa schon unter Beweis gestellt. Sein Einser-Abi spricht für sich. In Frankfurt fand er zudem sein privates Glück, kam mit einer Mitarbeiterin der Eintracht-Geschäftsstelle zusammen: Sarah Bein, der Tochter von Eintracht Legende Uwe Bein. Womöglich trug all dies dazu bei, dass Danny eine der coolsten und komischsten Aktionen der Fußballgeschichte in Deutschland brachte.

Unmittelbar nach dem Spiel stand er vor dem Mikro von ARD-Reporter Oliver Mayer. Statt auf die Fragen zu warten, ergriff Da Costa selbst die Initiative. Stellte sich selbst all jene Fragen aus der Kategorie „Klassiker des Sportjournalismus" und antwortete prompt darauf. Alles in Eigenregie. Alles ohne Drehbuch. Zur Verblüffung Mayers. Zur Erheiterung der Zuschauer.

Bis heute haben über 3,5 Millionen Menschen das Video auf YouTube geklickt. Da Costa wurde zum viralen Hit. Und erhielt den Comedy-Preis des Sport-Satire-Magazins „Wumms".

Die Rückkehr des Pokals

2017 waren hoffnungsfrohe Frankfurter Fans in die Hauptstadt gereist. Der Kicker sollte nachher schreiben: „Intensiv, umkämpft und spannend bis zum Schluss. Fußballerisch allerdings mittelmäßige Kost." Die Eintracht unter Trainer Niko Kovač hatte alles gegeben, doch am Ende hatte man gegen Borussia Dortmund mit 1:2 verloren. Der zeitgleich in der Hauptstadt stattfindende Kirchentag hatte auch keinen Trost gebracht.

Nur ein Jahr später reiste die Mannschaft erneut nach Berlin. Diesmal war der Gegner noch mächtiger als der BVB unter Thomas Tuchel im Jahr zuvor. Jupp Heynckes hatte die Bayern übernommen und – wie meist – in kürzester Zeit zu jenem Team geformt, dass die „Mia san Mia"-Fraktion so gerne sieht.

Doch in Berlin sollte in diesem Jahr alles anders werden. Niko Kovač hatte nur wenig zuvor seinen Wechsel zu den Bayern verkündet. Nun traf die SGE ausgerechnet auf jene Mannschaft. Erinnerungen kamen auf. 1993 spielte die Eintracht im DFB-Pokalhalbfinale gegen Bayer Leverkusen. Trainer Dragoslav Stepanović hatte zuvor mitgeteilt, dass er in der kommenden Saison für Bayer an der Seitenlinie stehen würde. Die SGE verlor mit 0:3, Stepi kündigte und saß im Endspiel auf der Trainerbank der Werkself, die kurz zuvor Reinhard Saftig entlassen hatte. Dort schlug Leverkusen die Amateure von Hertha BSC Berlin und Stepi gewann den Pokal, obwohl er das Halbfinale noch verloren hatte ...

Ein Vierteljahrhundert später verhielt sich die Vereinsführung cleverer. Niko Kovač war bis in die Haarspitzen motiviert. Er wollte den Bayern den Titel nicht überlassen. Spieler muss man gegen die Bayern ohnehin kaum motivieren. Und so unternahm das Team um Niko Kovač alles, um bestmöglich vorbereitet auf den Platz zu gehen. Der für alle Fans der SGE wundervolle Dokumentarfilm „Die Rückkehr des Pokals" zeigt die Reise und gibt einen Einblick in die Abläufe vor und nach dem Spiel.

Das Wochenende wird niemand vergessen, der vor Ort war. Das Spiel wird niemand vergessen, der es gesehen hat. Ein Underdog besiegt den großen Favoriten. David haut Goliath aus den Stollenschuhen. Mit einer vom Zeugwart bis zum Mittelstürmer komplett fokussierten Mannschaft und einer Fangemeinde, die die Stimmung im Stadion beherrscht. Dem Team merkt man den unbedingten Willen an, hier Historisches zu leisten. Vor allem Ante Rebić und Kevin-Prince Boateng, deren Dialog vor dem Spiel „Bruda, schlag den Ball lang“ – „Bruda, ich schlag den Ball lang“ legendär wurde, treiben die Hessen an. Folgerichtig ist es Ante Rebić, der schon nach zehn Minuten das 1:0 schießt und den Bayern einen ersten Niederschlag beschert. Natürlich stehen sie wieder auf, doch dauert es bis zur 53. Minute, ehe Robert Lewandowski den Ausgleich markiert.

Die Partie ist nun wieder offen, doch die Frankfurter wehren sich. Eine Balleroberung auf Höhe der Mittellinie, unmittelbar vor den Trainerbänken, soll der Anfang für die abermalige Führung der SGE sein. Boateng und da Costa bedrängen die Bayern. Es ist da Costa, der den Ball einfach lang in die bayrische Hälfte schlägt.

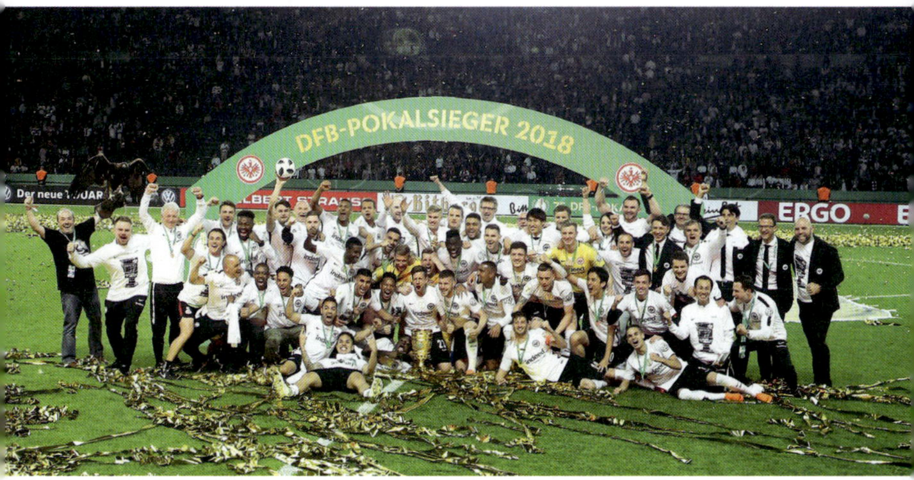

Foto für die Geschichtsbücher: Das Eintracht-Team feiert den Pokalsieg.

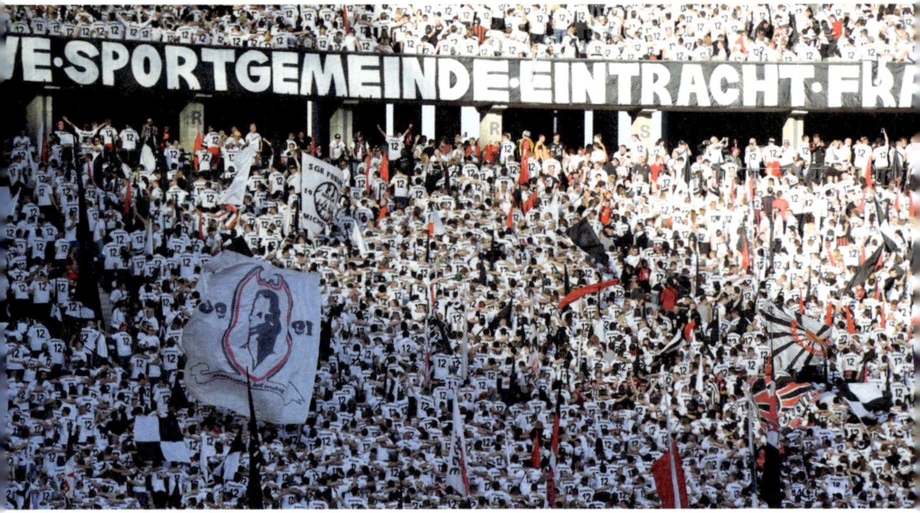

Legendäre Aktion in Berlin: Die Anhänger präsentieren sich mit ihren Fanshirts.

Rebić ist scheinbar zu weit vom Ball entfernt. Hummels und Süle traben nebeneinander her, Rebić geht dazwischen, nimmt den Ball in vollem Lauf mit in den Strafraum und spitzelt ihn halbhoch am zögerlich herauskommenden Sven Ulreich vorbei. 2:1.

Proteste der Bayern wegen eines angeblichen Handspiels von Kevin-Prince Boateng werden von Schiri Felix Zwayer überprüft und für nichtig erklärt. Die Eintracht geht mit einer knappen Führung in die Schlussphase. Und hält sie bis zur 90. Minute. Vier Minuten Nachspielzeit werden angezeigt. Viel Zeit. Kovač hat kurz zuvor den Doppeltorschützen Rebić durch Sebastian Haller ersetzt. Mehr Kopfballstärke für die Abwehr. Die SGE arbeitet sich durch die Minuten. Abraham erobert den Ball und läuft quer über den Platz bis zur gegnerischen Grundlinie. Der Ball kommt postwendend zurück. 93 Minuten gespielt. Noch eine finale Ecke für die Bayern. Ulreich kommt mit in den Strafraum. Die Ecke wird abgewehrt, der Ball aber erneut in den 16er der SGE geschlagen. Ein Zweikampf zwischen Boateng und Martinez. Beide am Boden. Die Bayern fordern Elfmeter. Videobeweis.

Zwayer geht in die Review-Area. Schaut sich die Bilder an. Eine endlos lange Minute vergeht. 95 Minuten zeigt die Uhr. Zwayer gibt

Legendärisch

Der DFB-Pokalsieg 2018 in Berlin wird häufig und aus verschiedenen Blickwinkeln erzählt. Es ist ein historischer Moment, den man in Frankfurt selten erlebt. Väter werden ihren Enkelkindern einst davon erzählen. Wer wo war. Wer was gemacht hat. Wie viel Ebbelwoi während und vor allem nach dem Spiel vernichtet wurde.

Eine beteiligte Person hat einmal gesagt, dass er während des Spiels auch schon mal überlege, ob er noch Bier im Kühlschrank habe: Lukáš Hrádecký! Der finnische Torwart mit slowakischen Wurzeln passte in seiner Zeit in Frankfurt wie der berühmte Deckel auf den Pott. Das Bild der im Hinterhof ihres Friseurs grillenden Spieler – Rebić, Gaćinović und eben der Goalie der Truppe mit Knoblauchbaguette vom Discounter und einem wackligen Grill, der aussah, als hätte man ihn vom Sperrmüll besorgt – ging durch die Fanszene. Solch einen Torwart muss man ins Herz schließen und kann ihm verzeihen, dass er fußballerisch noch Entwicklungspotenzial hat.

Dafür hielt er an jenem Abend im Olympiastadion alles, was zu halten war. Im Nachgang öffnete er Bierflaschen in „bester Maurer-Manier“ (11 Freunde vom 21.5.2018). Womit er auch nicht aufhörte, als die mehr von der Party als vom Spiel gezeichnete Mannschaft mitsamt Betreuerstab vom Flughafen Frankfurt in offenen Wagen gen Römer fuhren. Die Presse wollte auch von ihm einen Kommentar zum historischen Ereignis. Und der Finne lieferte. Fügte der deutschen Sprache einen neuen Komparativ hinzu: Es sei ein „legendärischer Tag“ gewesen. Na dann …

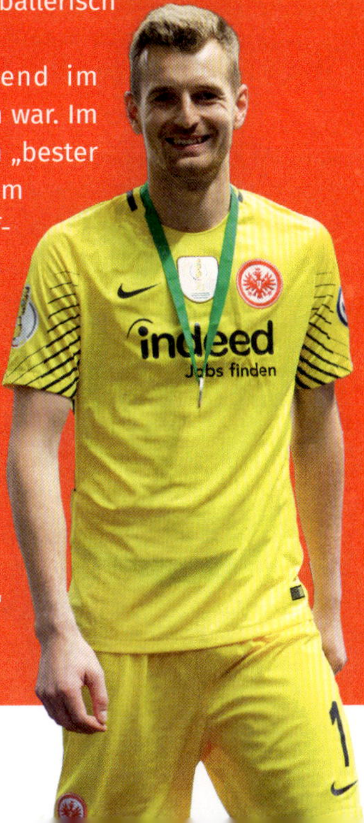

Ecke. Die Proteste der Bayern bleiben aus. Kimmich tritt den Eckball, am kurzen Pfosten klärt Jetro Willems mit dem Kopf. Der Ball wird zur Steilvorlage für Mijat Gaćinović. Der legt den Ball am letzten Mann der Bayern elegant vorbei und läuft seine 70 Meter ins Glück. In Minute 5 plus 23 Sekunden überquert der Ball die Torlinie der Bayern. Eintracht Frankfurt ist DFB-Pokalsieger 2018. Der erste große Triumph nach 30 Jahren! Was sich nach diesem Lauf auf dem Feld, im Stadion und an den Bildschirmen der Eintracht-Fans abspielt, ist kaum beschreibbar. Ante Rebić reißt seinen Trainer um. Die Spieler und Betreuer hüpfen, springen, liegen aufeinander. Die Eintracht-Fans kennen kein Halten. Die Inszenierung hätte besser nicht sein können. Hinter dem Tor der Bayern standen die Frankfurter Fans im Halbrund des Olympiastadions. Wie dereinst Forrest Gump muss Gaćinović einfach durchlaufen. Am Gehäuse von Sven Ulreich vorbei, über die Tartanbahn, zum Block.

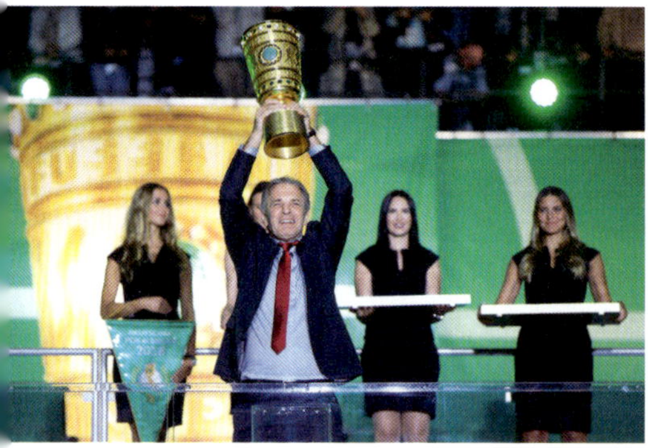

Charly Körbel konnte den Pokal einfach nicht stehen lassen und feiert schon mal vor …

Vor der Pokalübergabe steht das Team Spalier für die unterlegenen Bayern. Deren Frust führt sie dann direkt in die Kabine und nicht – wie sportlich und üblich – zum Spalier für die Sieger. Doch dies sollte an diesem magischen Abend egal sein. Denn einen kleinen, charmanten Fauxpas erlaubt sich auch die SGE. Charly Körbel darf den Pokal auf das Podium tragen. Bereitstellen für die Übergabe durch den Präsidenten. Körbel genießt jeden Schritt, jeden Moment, jede Sekunde. Er stellt den Pokal kurz ab, um ihn dann erneut zu greifen und in Richtung der Fans in die Höhe zu recken. Grenzenloser Jubel, der in dieser Nacht kein Ende finden sollte!

70 Meter – lauf Mijat, lauf!!

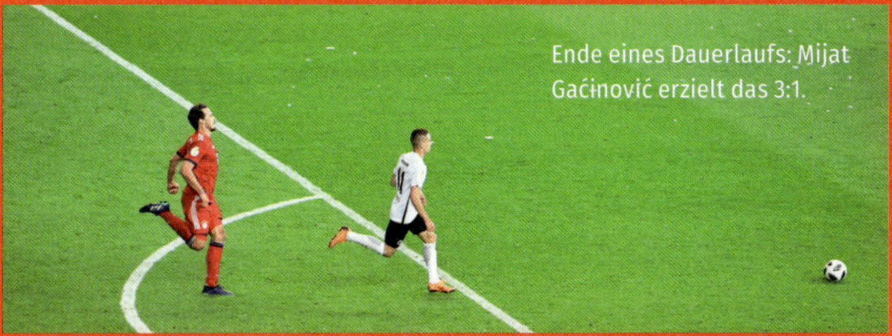

Ende eines Dauerlaufs: Mijat Gaćinović erzielt das 3:1.

Er ist vielleicht etwas zu leicht für einen Bundesligaprofi. Vielleicht etwas zu schmal. Aber er ist sehr flink, so dass er vielleicht auch als Leichtathlet Karriere hätte machen können. Eingewechselt, um für Entlastung zu sorgen, entschied Mijat Gaćinović das Pokalfinale 2018 – und machte dabei den Sprint seines Lebens.

Unmittelbar nach der letzten Ecke für die Bayern nimmt Mijat den Ball Mitte der eigenen Hälfte kurz an, legt ihn geschickt an dem letzten Mann der Bayern vorbei und läuft. Er läuft und läuft und läuft und mit ihm laufen alle Frankfurter oder Fans der Eintracht. Gedanklich, stehend, hüpfend oder gar wirklich, wie nahezu die komplette Bank am Rande des Spielfelds. Zwei Bayern versuchen, ihn noch zu erreichen und zu verhindern, was nicht zu verhindern ist. Gaćinović läuft um sein Leben und für den Sieg. Aus 17 Metern gibt er den Ball – den er wie selbstverständlich die ganz Strecke vor sich hergetrieben hat – den letzten Kick! Dieser rollt mit leichter Arroganz über die Linie. 3:1. Schluss. Sieg.

Gaćinović aber ist noch nicht am Ende. Die 70 Meter vom eigenen bis zum gegnerischen Tor reichen nicht. Er läuft am Tor vorbei über die Tartanbahn hinaus zu den Fans. Reißt sich sein Trikot vom Leib und jubelt. Einen Moment, bevor er Teil des kollektiven Hurras der ganzen Mannschaft und der hinter den Absperrungen ausflippenden Fans ist.

70 Meter für die Geschichtsbücher. 70 Meter für das Museum der Eintracht. 70 Meter, die als Strichzeichnung oder als „Hands Of God"-Cartoon auf kleinen Küchenbrettern verewigt wurden.

Das Quiz für echte SGE-Experten

1. Was zeichnete Bernd „Dr. Hammer“ Nickel aus?

a) Er trug pro Spiel vier Paar Schuhe.
b) Er verwandelte von allen vier Ecken des Stadions Eckbälle direkt.
c) Er war vier Mal verheiratet.

2. Für welchen Verein absolvierte Bum-Kun Cha sein erstes Ligaspiel in Deutschland, bevor er zur Eintracht wechselte?

a) Waldhof Mannheim
b) Bayern München
c) Darmstadt 98

3. Wie heißt der erste australische Bundesligaprofi bei der Eintracht?

a) Ned Zelic
b) Dave Mitchell
c) Kevin Keegan

4. Attila, das Wappentier der Eintracht, ist ein ...

a) ... Steinadler
b) ... Pinguin
c) ... Seeadler

5. Wo kaufte der Brasilianer Caio während seiner Zeit in Frankfurt seine Lebensmittel ein?

a) Galeria Kaufhof auf der Zeil
b) Delikatessen Plöger auf der Freßgass
c) Tankstelle um die Ecke

6. In welchem Land setzten sich Norbert Nachtweih und Jürgen Pahl von ihrer Jugendmannschaft aus der DDR ab?

a) Griechenland
b) Türkei
c) Spanien

7. Wann wurde Anthony Yeboah geboren?

a) 5.5.55
b) 6.6.66
c) 7.7.77

8. Wo liegt das alte Trainingsgelände der SGE?

a) Stadtwald
b) Westerwald
c) Riederwald

9. Wie wurde der norwegische Stürmer Jörn Anderson wurde von Trainer Dragoslav Stepanović genannt?

a) Andi
b) Jörni
c) Schwedde

10. Welches ungewöhnliche Sitzmöbel wählte Horst Ehrmanntraut während seiner Trainerzeit am Frankfurter Spielfeldrand?

a) ein weißer Plastikgartenstuhl
b) ein brauner Barhocker
c) ein rotes Bobby-Car

11. Jermaine Jones ist als echter Frankfurter Bub am David-Ben-Gurion-Ring aufgewachsen. Wie heißt die Gegend im Volksmund?

a) das Städel
b) der Ring der Niegelungen
c) die Golan-Höhen

12. Welchen Torhüter vernaschte „Jay-Jay" Okocha bei seinem legendären Solo gegen den Karlsruher SC?

a) Oliver Kahn
b) Raimond Aumann
c) Walter Junghans

13. Wer spielt die Hymne der Eintracht, die vor jedem Spiel im Stadion gespielt und gesungen wird?

a) DJ Bobo
b) Rodgau Monotones
c) Polizeichor der Stadt Frankfurt

14. Wer schoss die meisten Bundesligatore für die SGE?

a) Bernd Hölzenbein
b) Bernd Nickel
c) Alex Meier

15. Der DFB-Pokalsieg 2018 war der wievielte Triumph in diesem Wettbewerb?

a) 3.
b) 4.
c) 5.

16. Trainer Willi Reimann wurde vom DFB mit einer Innenraumsperre bestraft. Wo sah er die folgenden Heimspiele der SGE?

a) auf seinem Hotelbett
b) in einer Sky-Bar in Sachsenhausen
c) in einem Baucontainer

17. Seit 2005 trägt das Frankfurter Stadion Bankennamen. Wie hieß

der umbaute Fußballplatz im Frankfurter Stadtwald zuvor?

a) Waldstadion
b) Riederwald
c) Waldkampfbahn

18. Bernd Hölzenbein schoss sein vielleicht bekanntestes Tor im UEFA-Cup in welcher ungewöhnlichen Körperhaltung?

a) im Stehen mit vom Gegenspieler heruntergezogener Hose mit dem Po
b) im Sitzen mit dem Kopf
c) liegend mit der Hacke

19. Andreas Möller spielte für die SGE, Borussia Dortmund, Schalke 04 und Juventus Turin. Für welchen Verein bestritt er sein letztes Bundesligaspiel?

a) Eintracht Frankfurt
b) Mainz 05
c) Darmstadt 98

20. Was machte Heinz Gründel, über den Jörg Berger einst sagte, er sei ein so guter Kicker, er dürfe bei ihm immer spielen, nach seiner Karriere?

a) eine Ausbildung zum Yoga-Lehrer
b) einen Crash-Kurs in Mandarin
c) eine Bar in Hamburg auf

21. Eintracht Trainer Dragoslav Stepanović hatte im Hessen-Center eine Kneipe mit welchem Namen?

a) Stepi's Treff
b) Lebbe geht weider
c) Nie wieder Rostock

22. Auf welchem Wege wurde dem damaligen Manager Wolfgang „Scheppe" Kraus fristlos gekündigt?

a) Sie wurde von der gesamten Mannschaft überreicht.
b) Sie wurde durch ein offenes Toilettenfenster geworfen.
c) Sie wurde sofort zurückgenommen.

23. Welches ungewöhnliche Hobby hat Innenverteidiger Martin Hinteregger?

a) Ballett tanzen
b) Fliegenfischen
c) Helikopter fliegen

24. Welchen stolzen Namen trägt das Frankfurter Maskottchen?

a) Wotan
b) Attila
c) Zeus

25. Das vielleicht ungewöhnlichste Trikot trugen die Spieler in den 90ern. Die Farben waren gelb, blau und rot. Geschuldet war dies wohl welchem Sponsor?

a) Condomi
b) Red Bull
c) Tetra Pack

26. Welchen Beruf erlernte Ralf Falkenmayer vor seiner Kickerkarriere?

a) Schwimmmeistergehilfe
b) Schuhverkäufer
c) Fahrradkurier

Quiz-Lösungen

1 b – Er verwandelte von allen vier Ecken des Stadions Eckbälle direkt.
2 c – Darmstadt 98
3 b – David Mitchell
4 a – Steinadler
5 c – Tankstelle um die Ecke
6 b – Türkei
7 b – 6.6.66
8 c – Riederwald
9 c – Schwedde
10 a – ein weißer Plastikgartenstuhl
11 c – die Golan-Höhen
12 a – Oliver Kahn
13 c – Polizeichor der Stadt Frankfurt
14 a – Bernd Hölzenbein (160)
15 c – 5.
16 c – aus einem Baucontainer
17 a – Waldstadion
18 b – im Sitzen mit dem Kopf
19 a – Eintracht Frankfurt
20 c – eine Bar in Hamburg
21 a – Stepi's Treff
22 b – Sie wurde durch ein offenes Toilettenfenster geworfen.
23 c – Helikopter fliegen
24 b – Attila
25 c – Tetra Pack
26 a – Schwimmmeistergehilfe

Zitate

„Lebbe geht weider."

Dragoslav Stepanović nach der 1:2-Niederlage gegen Hansa Rostock am letzten Spieltag der Saison 1991/92, die die Eintracht die Meisterschaft kostete.

„Ich halte nichts von Sex vor dem Spiel, weil ich mir das Zimmer mit Salou teile."

Jan Åge Fjørtoft, 1999

„Nach hinten habe ich viel mit dem Auge gearbeitet."

Uwe Bein, 2012

„Wenn der Kopf richtig funktioniert, dann ist er das dritte Bein."

Christoph Daum. Als Heilsbringer im März 2011 geholt, sollte er keines seiner verbleibenden sieben Spiele mit der Eintracht gewinnen.

„Seine Härte war gefürchtet. Wenn mich mal ein Gegner nervte, drohte ich ihm mit Werner. Nach dem Motto: Ich hetze den Lorant auf Dich. Dann war Ruhe."

Bernd Hölzenbein erinnerte sich 2010 an seinen rustikal spielenden Mannschaftskameraden Werner Lorant.

„Soll ich etwa ein Lagerfeuer im Wohnzimmer machen?"

Anthony Yeboah, 1992. Der vielleicht beste Stürmer, den die Eintracht je hatte, wohnte im beschaulichen Bruchköbel bei Hanau in einem Reihenhaus mit Jägerzaun und Gartenzwergen.

„Dieser Tag ist ein legendärischer Tag."

Lukáš Hrádecký nach dem DFB-Pokalsieg 2018